대구의 건축, 문화가 되다

글, 스케치 | 최상대

1판 1쇄 펴냄 | 2016년 12월 28일
1판 2쇄 펴냄 | 2018년  5월 28일

발행인 | 신중현
펴낸곳 | 도서출판 학이사
출판등록 | 제25100-2005-28호
주소 | 대구광역시 달서구 문화회관11안길 22-1(장동)
전화 | (053)554-3431, 3432
팩스 | (053)554-3433
홈페이지 | http://www.학이사.kr
ISBN | 979-11-5854-063-0  03610

이 책은 산업통상자원부 선정 '대구출판인쇄산업경쟁력강화사업단' 의
2016년 우수출판콘텐츠 제작지원사업 선정작입니다.

스케치로 보는 대구의 명건축

대구의 건축, 문화가 되다

夢而思 | 학이사

# 대구의 건축, 문화가 되다

이 책은 '건축, 스케치로 읽고 문화로 느끼다' 발간 이후 3년 만이다. 여기서는 오직 대구라는 지역의 건축물에 한정하여 스케치하고, 건축이 가진 문화를 살폈다.

건축建築은 무엇인가? 단어가 지니는 외형적인 뜻은 '建세우고 築쌓는' 오직 기능적인 면을 말하는 형이하학적形而下學的이다. 그러나 이것을 뛰어넘는 진정한 뜻이 있다. 우주宇宙다. '宇집 우 宙집 주,' 인간이 상상할 수 있는 가장 큰 영역이다. 곧 무한한 우주공간의 근본인 건축도 집이 중심이라는 형이상학적形而上學的 표현이다. 그렇다. 건축Architect은 형이상하形而上下를 넘나드는 광범위다.

건축은 도시를 구성하는 기본적 요소 중 하나이다. 우리가 말하는 아름다운 도시, 살기 좋은 도시의 외형적인 측면은 쾌적한 자연환경과 훌륭한 건축 공간이 조화로운 도시다. 이러한 도시가 사람들 삶의 질을 좌우한다. 훌륭한 건축과 공간은 그 도시 그 나라의 경쟁력이 되고 있다. 그래서 세계의 도시들은 저명한 건축가를 초빙하여 문화적 건축, 랜드마크 건축물을 세운다.

우리가 말하는 유명 도시라 함은 곧 유명건축물이 있는 도시를 일컫기도 한다. 관광객들이 찾아가는 도시는 곧 역사와 문화를 품고 있는 건축물들이 존재하는 곳들이다. 세계적으로 유명한 바티칸성당과 콜로세움, 루부르, 에펠탑, 시드니오페라하우스, 나오시마의 미술관 등은 창조된 건축 작품들의 장소이다.

매년 살기 좋은 도시의 순위를 발표한다. 그 기준들에 차이는 있지만 도시 생산 활동의 기본 요소와 삶의 질을 위한 장기 계획이 잘 진행되고 있는 도시, 쾌적한 자연경관과 아름다운 건축들이 조화를 이루고 있는 도시들이다. 서구의 유명 도시들은 유구한 역사의 민주화 · 경제화 · 복지화까지 잘 이룬 계획도시들이다. 도시는 시민들을 위하고, 도시를 통하여 시민들은 더욱 양질의 삶을 누릴 수 있어야 한다.

현대는 도시를 구성하는 개별적 건축과 함께 공간空間 경관景觀에 까지 더욱 중요한 가치를 두고 있다. 대구의 도시계획은 미래를 향하여 변화하고 있다. 신서혁신도시, 이시아폴리스, 테크노폴리스, 알파시티 등 신도시의 생성 변화 발전은 대구 도시의 중요한 건축과 함께 공간空間 경관景觀 요소를 포함하고 있다.

건축가의 역할은 좋은 집을 설계하고 좋은 건축을 만드는 일이다. 또한 좋은 건축을 위해서는 시민들에게 건축 문화적 가치와 이해를 높이는 역할도 필요하다.
개인적으로 중요하다고 생각한 건축과 시설 공간에 대하여 글을 쓰고 스케치로 표현하였다.
이 책을 통하여 시민들에게는 건축을 문화적으로 인식하고 건축가들에게는 성찰과 의욕을 높이는 계기가 되기를 바란다. 궁극적으로는 문화도시 대구의 위상을 높이는 주역으로서 좋은 건축, 훌륭한 공간과 경관이 많이 탄생하여 아름다운 도시 살기 좋은 도시가 되기를 기원한다.

주위의 모든 분들과 사랑하는 가족들에게도 발간의 기쁨을 전한다.

2016년 세밑에
思空 최 상 대

목
차

사람은 과거를 지우고 지금의 좋은 모습만 보이기를 원한다.
그러나 건축과 도시는 역사의 흔적과 스토리를 보여주는 것이 가치 있는 것이다.

# 1

# 건축,
# 예술로 피어나다

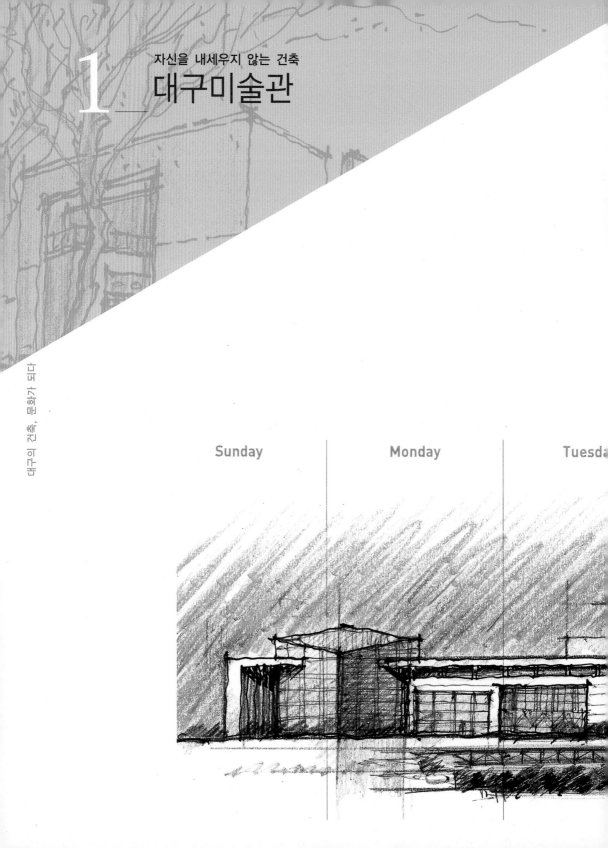

# 1＿대구미술관

자신을 내세우지 않는 건축

Sunday     Monday     Tuesda

세계 각 도시들은 문화도시를 지향하며 경쟁적으로 새로운 미술관이나 박물관 건축들을 내세우고 있다, 변변한 미술관 박물관 하나 갖추지 못한 국가와 도시는 아무리 문화와 역사를 내세우고 자랑을 하려 해도 명분이 없다. 그 나라와 도시를 찾는 외부 방문객에게 우선순위로 내보일 수 있는 문화 예술의 바로미터이자 건축문화의 대표 주자가 바로 미술관과 박물관이기 때문이다.

'여유의 미학이 존재하는 문화공간'
대구미술관의 캐치프레이즈다. 여느 도시의 미술관에 비교하면 자연 속에 위치한 여유의 미술관이라는 분명한 특징을 갖고 있다.

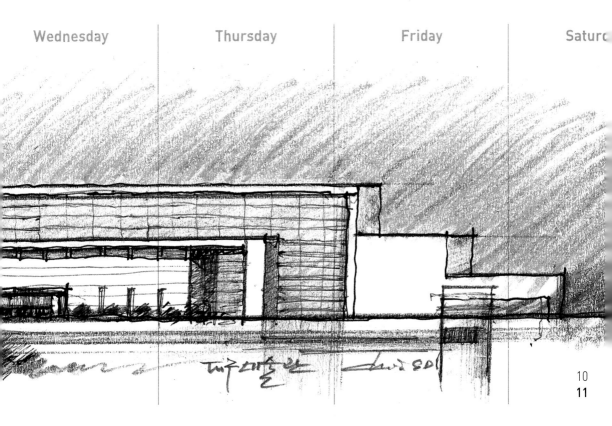

대구스타디움 앞길 유니버시아드 대로에서 바라보이는 산언덕 아래의 미술관은 수평만이 강조된 단순한 형태로 나타난다.

보는 사람으로 하여금 다가가고 싶고 들여다보고 싶은 유혹을 느낄 수 없도록 만들어진 형태다. 아무도 없는 고립된 외로운 섬으로 읽힌다.

공사 당시 골조공사가 끝나고 건물의 골격이 드러날 즈음에는 마치 학교시설의 강의 동처럼 평범하게만 보였다.

'부산시립미술관'이 도시 속 대형 매스를 조형적 형태로 분할하였고, '포항시립미술관'은 파사드를 강조하는 전면을 스크린화했다. 또 '창원도립미술관'은 유리 원추형의 로툰다를 부각시키는 디자인이다.

이들 미술관과 비교해보면 대구미술관은 말을 아끼는 경상도 선비다. 즉, 자신을 내세우지 않는 건축이다.


전체적 지형은 도로에서부터 남측으로 상승하는 경사지형이다.

미술관에 가까이 다가갈수록 건물은 산언덕과 조경 수목에 가려진다. 그래서 전경이 한눈에 들어오지 않는다. 건물 앞마당에 다가가기 전까지는 전경 사진 한 장 제대로 찍을 수 없다. 이것은 곧 미술관이 자연 속에 묻혀 있기 때문이다.

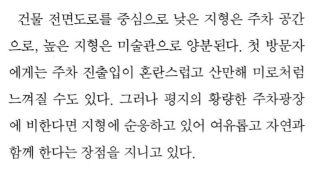

건물 전면도로를 중심으로 낮은 지형은 주차 공간
으로, 높은 지형은 미술관으로 양분된다. 첫 방문자
에게는 주차 진출입이 혼란스럽고 산만해 미로처럼
느껴질 수도 있다. 그러나 평지의 황량한 주차광장
에 비한다면 지형에 순응하고 있어 여유롭고 자연과
함께 한다는 장점을 지니고 있다.

_ 2011. 12

건물배치는 산의 지세에 따라서 매스를 수평으로 겹친 형상이다.

서쪽 진입 도로를 따라 오르다 보면 조형적 디자인이 부각되는 서측을 주출입구로 착각하게 한다. 북향 정면 어프로치마당에 이르면 건물 하부를 관통하는, 물이 흐르는 작은 계곡이 있다. 이처럼 산 아래, 계곡 위에 위치한 친환경 미술관 사례는 세계 어디에도 없을 듯하다.

이 계곡이 있어 건물 아래와 주변에는 휴식 공간과 산책로, 곡선형 다리가 생겼다. 또 이 계곡을 중심으로 좌측의 컨벤션 영역과 우측의 미술관 영역으로 나누어졌다.

원경에서 느껴졌던 단순함에 비해서 건물 가까이에서는 막힘과 트임, 직선과 곡선, 무거움과 가벼움의 변화가 보이지만 전체적 디자인은 절제와 순응, 일률로 표현할 수밖에 없다. 다만 지붕 처마를 작은 디테일이나마 음양요철로 부각되는 디자인으로 표현했으면 어땠을까 하는 작은 아쉬움이 있다.

출입구에 들어서서 만나는 첫인상의 로비 홀은 낮고 협소하게 느껴진다.

입장권을 사고 들어서면 가로 15m, 세로 55m, 높이 20m의 메이저 스페이스 '어미홀'을 만날 수 있다. 동서 양측 유리벽에서 빛이 쏟아지고, 시선이 트인 넓고도 높은 대형공간 '어미홀'은 일상에서는 경험하기 어려운 카타르시스 공간이다. 어미홀은 창작의 모태와 메인홀이라는 두 가지 의미를 가진다. 그래서 메이저 스페이스는 대형 전시공간이면서 미술관을 상징하는 공간이다.

건축, 예술로 피어나다

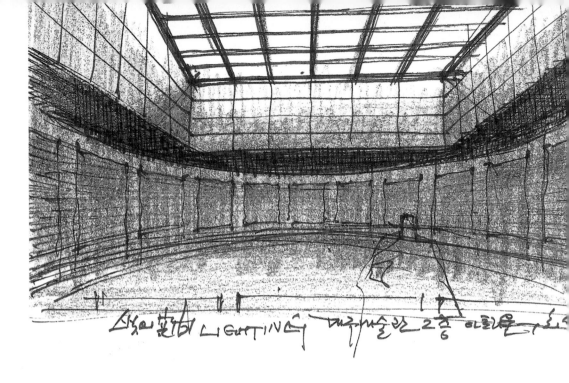

이 넓고 큰 공간을 채우지 않고 비워두면 너무나 광활하다. 이 또한 지속적인 전시 공간 기획자들에게 고민을 주기도 한다.

'어미홀'을 중심으로 전시공간이 좌우와 상하로 나누어진다. 국내 최대 규모로 2만 17,00㎡(6,500여 평) 크기를 자랑한다. 크다는 것은 전시공간의 기획과 운영에서 더 많은 부담을 줄 것이다.

제주도립미술관 1층 입구에는 상설전시장 '장리석 기념관'이 있다. 6·25 피란시절 이중섭과 함께 제주에서 생활하며 작품 활동을 한 작가 장리석이 제2의 고향에 작품을 기증한 것을 전시한 것이다.

이처럼 대구에서도 지역출신 미술인의 기념관이나 훌륭한 컬렉션의 헌정을 기대할 수는 없을까. 소장 작품의 빈한함을 불식시키는 방법도 시 재정에만 의존할 것이 아니라 지역 미술인, 시민의 힘에서 나와야 진정 의미 있는 것이다.

'여유의 미학'은 미술관 내부 공간에서도 존재한다. 넓은 전시실을 거쳐 복도를 지나, 계단을 오르는 사이에도 외부의 자연을 보여준다. 푸른 하늘과 구름, 바람의 흔들림까지도 감상의 대상이 된다. 2층의 제3전시실의 동쪽 전면 유리창 벽은 자연에 그대로 개방하고 있다. 폐쇄된 전시실과 인공조명 원칙의 전시공간에서 보면 신선한 파격이다. 어디에서나 흔히 볼 수 있는 돌을 주제로 한 '리차드 롱'의 설치작품과 배경이 되는 바깥의 자연 풍광도 더욱 돋보이는 자연교감, 자연소통의 전시실이다.

1, 2층 전시장을 지나 3층에 이르면 북측 복도에는 '뷰 라운지'가, 남측 복도에는 '미술정보센터'가 있다. 둘 다 전망과 휴식을 위한 공간이다. 이들 '뷰 라운지'는 멀리 팔공산의 광활한 자연과 드넓은 도시를 한눈에 볼 수 있도록 한 기분 좋은 클라이맥스 공간이다. 자연 속의 미술관에서 자연경관까지를 감상하는 여유의 미술관임을 체험하는 공간이다.

# 2__ 복합적 문화공간
## 대구문학관

　서울의 세종문화회관과 예술의전당, 각 시·도 단위의 시민회관과 문화예술회관은 70, 80년대에 주로 생겨났다. 7080 올드 팝 세대들은 대학의 강당이나 체육관, 시민회관, 문화예술회관 등에서 문화를 향유한 시대였다.

90년대에 들어서는 지방자치제의 부활과 함께 구청區廳 단위의 구민회관과 여성회관, 복지시설들이 세워지기 시작했다. 2000년대를 지나면서 주5일제 정착과 함께 문화예술에 대한 관심과 소비가 높아짐에 따라서 다양한 문화시설들로 확대되고 있다.

이 시기의 큰 변화 가운데 하나가 전국 각지의 미술관과 문학관의 탄생이다. 문학 콘텐츠 아이콘의 개발은 지역마다 문학관 탄생으로 이어지며, 미술관과 문학관 하나 없으면 문화적 낙후지역인 듯 여겨지기도 한다. 지역의 문학기념관 성격들은 민간에 의해 소규모 시설로 출발한 경우가 많았다. 외국 도시의 거리에서나 시골 마을에는 그 지역에서 탄생한 예술가들의 생가, 기념관이 보존되어 관광 상품화로 이어지고 있다.

대구미술관은 2011년에, 대구문학관은 2014년에 개관되었다. 대구문학관은 중앙로 향촌동 입구에 있었던 옛 상업은행 건물을 개조하여 문을 열었다. 시민들의 염원이었던 문학관은 오랜 시간 동안 논의가 있었지만, 입지와 규모 등에서 과히 만족스럽지 못한 상태에서 문을 열었다. 자연 속에서의 넓고 새로운 문학공간의 계획은 보류되었고 대구시의 재정 상태와 도시재생의 추세에 맞추어 개관하였다.

옛 상업은행 건물은 1912년 지역 최초의 일반은행(선남상업은행) 장소이다. 60년대에 지어진 이 근대건축물의 원형을 보존, 재생하여 대구문학관이 입주하게 된 것이다.

건물1, 2층에는 중구청 관할의 '향촌문화관'이, 2층과 4층은 '대구문학관'이, 지하에는 국내에서 가장 오래된 음악감상실 '녹향'이 자리하여 복합적 문학공간이 되었다.

문학관에는 일제강점기에 문학으로 저항하고 민족혼을 불태운 문단의 선각자 현진건, 이상화, 이장희 등의 작가들과 대구문학아카이브, 문학공방, 문학서재 등이 있다. 3층에는 대구에서 발행되어 한국 근대문학의 토대가 된 동인지《죽순》을 상징하는 조형물이 자리하고 있다.

3___ 컨벤션의 시대
# 엑스코 EXCO

시대와 문화에 따라서 새로운 시설기능의 건축이 탄생하고 소멸하기도 한다. 산업경제의 시대에 탄생하고 글로벌 흐름에 진화하는 대표적 시설이 엑스포와 컨벤션 건축이다.

엑스포(EXPO, exposition)는 넓은 의미에서는 건축시설의 이벤트이다. 같은 시대의 살아있는 다양한 모습과 더불어 미래의 모습을 세계 관람객들에게 보여주는 것만 아니라 체험 교육의 장이다. 컨벤션(convention)이란 용어는 라틴 어원으로 together + to come, '함께 모이고 참석하다'의 의미를 가지고 있다. 즉 컨벤션은 다수의 사람들이 특정한 활동을 하기 위해 모이는(meeting) 사전적 의미를 훨씬 넘어서 전시 이벤트를 포함한 포괄적 의미로 확대되고 있다.

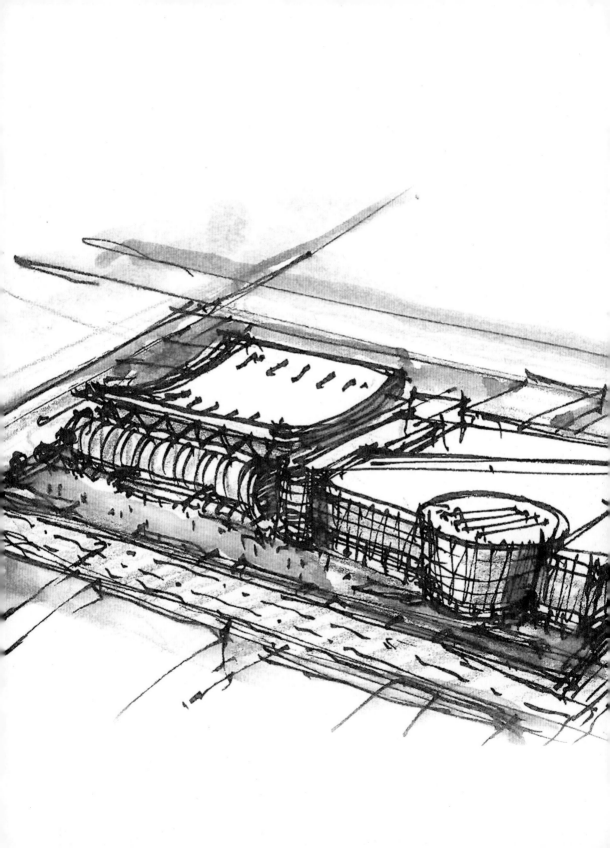

과거 만국박람회(exhibitions and fairs, 博覽會)의 산업기술 성과물인 상품전시와 신문화를 세계에 알리는 행사에서부터 현대에는 정보 교류 및 개최국가와 도시의 홍보 이미지 개선에도 크게 작용한다.

그리하여 회의 관련 시설, 숙박, 교통, 기자재, 관광 등 연관 산업의 경제발전을 위해서 세계 여러 나라와 도시들이 유치 경쟁을 벌이는 것이다.

일반적으로 엑스포는 올림픽이나 월드컵보다 행사기간이 2~5배, 예산은 10배, 입장객 수는 20배 정도 많다. 과거 박람회는 올림픽을 능가하였고 그 부속 행사로 올림픽이 열릴 정도였다고 한다. 박람회가 우후죽순처럼 생기자 1928년 국제박람회 협약과 함께 올림픽처럼 개최지를 조정하는 국제박람회 기구가 생겼다. 광범위한 주제를 다루는 등록박람회와 특화된 주제의 인정박람회로 분류하고 있다. 5년에 한 번 열리는 박람회는 등록박람회이며, 1993년 국내에서 처음 개최한 대전엑스포와 2012년 5월 열린 여수엑스포는 인정박람회로 분류된다.

건축, 예술로 피어나다

엑스포(EXPO)는 1851년 영국 런던 하이드파크 개최가 시초다. 당시 전시관 설계공모에 238개 작품이 응모, 건축가 조지프 팩스턴의 작품이 뽑혔다. 4,500t의 철골 구조물에 30만 장의 유리를 붙인, 길이 563m, 넓이 138m의 건축을 단 9개월 만에 지었다. 반짝이는 초대형 유리건축의 아름다움에 수정궁Crystal Palace이라는 이름이 주어졌다. 역사적 건축물 수정궁은 1936년 11월 화재로 소실됐다.

과거의 박람회는 개최 후 철거했으나 최근에는 영구시설로 지어 상용하는 추세이며 주제관과 기념 조형물은 도시의 랜드마크로서 더욱 중요하게 부각되고 있다. 파리 에펠탑은 1889년 파리 만국박람회의 상징 기념탑이었고 120년 시간이 지난 지금까지도 그 가치를 발하고 있는 시설이다.

2000년대부터 국내 각 도시들은 상설 엑스포 전시장 즉, 컨벤션 센터를 건립하기 시작하였다. 무역 전시만 아니라 국제적 이벤트, 국내외 정보의 커뮤니케이션센터, 커뮤니티, 학술, 교육, 문화, 예술 활동 등을 망라하는 도시의 다목적 이벤트 장으로 활용되고 있다.

건축디자인 뿐만 아니라 명칭까지도 그 도시의 상징이 되고 있어 전시컨벤션센터는 대구 엑스코(EXCO), 서울 코엑스 (COEX), 부산 벡스코(BEXCO), 일산 킨텍스 (KINTEX), 광주 김대중컨벤션센터, 창원 세코(CECO), 인천 송도컨벤시아로 명명된다.

대구 엑스코(EXCO)는 2001년 4월 지방 최초 개관이래 매년 1,000억 원, 총 1조 이상 파급효과와 경제허브 역할을 해왔다. 개관 10년만인 2011년 5월, 2배 규모로 확장하며 연면적 23,000m²(7,000여 평)로 대형 전시 공간 5개 홀(9개 분리, 1,200부츠), 1,300석의 오디토리움, 대형국제전시(20,000m²), 중형(8,000m²) 3개, 컨벤션 회의장(20개~34개), 소형 (3,000~4,000m²) 2개와 1,450대 주차시설을 갖추고 있다.

엑스코의 남측 확장 건물은 세계 최초 그린컨벤션센터(친환경 건물)를 표방하며 지열로 냉난방을 해결한다. 태양광 (222KW), 자연채광, 지광채광, 빗물 재활용, 신재생 에너지원 활용으로 연간 1억 원의 에너지 절감효과를 가진다.

전시컨벤션 뿐 아니라 한국의 녹색성장을 대표하는 첨단 건물이다.

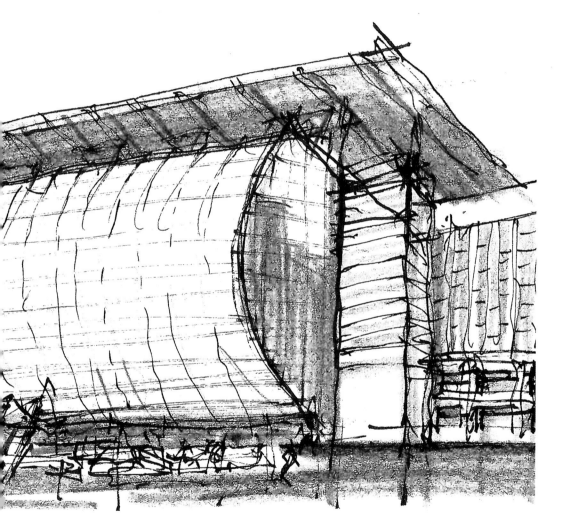

고속도로에서는 대구의 관문적 기능과 첨단도시 이미지를 갖고 있는 건축물이자 주변은 유통단지 지역이다. 경제무역특화 구역의 설정, 초고층 건축 유도, 시설자본 투자 인센티브 부여 등으로 개발을 촉진하여서 인근 대형 호텔과 함께 대구 경제를 상징하는 랜드마크 지역으로의 유도함이 필요하다. 최근 부산의 센텀시티(해운대 지역)가 급부상하는 이유는 벡스코를 중심으로 시립미술관, 누리마루, 백화점, 초고층 호텔, 아파트, 최근 부산국제영화제 영화의 전당까지 집중화 되어 있다는 점이다.

대구의 대표적 이미지 경관 선정 건축시설물에서는 엑스코와 대구스타디움 두 건물이 최종 선에 올랐다. 규모에서나 기능에서나 디자인 이미지에서도 명실상부 대구의 상징건축이다. 시민들에게 자긍심 고양, 국제도시로서의 면모와 글로벌리제이션에 건축물과 주변 시설의 융합 통합은 필수적 요소이다.

건축적, 도시 계획적 측면에서 대구의 랜드마크 구축을 살펴볼 시점이다.

# 4__대구콘서트하우스

건축은 '시대의 거울'이라고 한다. 그 시대의 건축에는 문화·경제·정치·환경이 그대로 반영되어 있기 때문이다. 유럽 도시의 건축물들에서는 그리스·로마·고딕·르네상스시대 등의 인류 문명사를 건축을 통해 쉽게 볼 수가 있다. 우리 지역에서는 국내 최고 목조건축인 봉정사 극락전, 부석사 무량수전을 고려시대 건축 유물로 손꼽을 수 있지만, 근대건축의 중요성을 깨달은 것은 그리 오래되지 않는다.

GRAND CONCERT HALL LOBBY

ㅋ. 미켈란젤로 최후의만찬 …

1970년대 초 서울의 '세종문화회관'을 필두로 각 도시에는 '시민회관'들이 세워지기 시작했다. 일제강점기와 6·25전쟁의 상흔과 공백 이후의 조국 근대화 과정에서 시민회관 건축은 중요한 역할 기능을 하게 된다.

시민회관은 다목적 홀(Multy-purpose Hall)이었다. 문화예술 공연은 물론이요, 국경일, 기념식, 시상식, 궐기대회, 미인선발대회까지 어떠한 행사와 기능도 모두 수용하는 슈퍼(?) 건축이라 할 수가 있겠다.

1975년 건립된 대구시민회관은 대구역 바로 인근에 위치한다. 도시를 정면으로 향한 웅장한 지붕 처마, 기둥의 열주, 주두 등 전통건축 요소를 모티브로 한 지역 건축가 고 후당 김인호(1932~1989) 선생의 작품이었다. 대공연장과 연결하여 미술대전 등 대규모 전시가 열렸던 전시장과 문화예술 시민단체의 사무동이 함께 배치되었다. 시간을 더 거슬러 올라가면 이곳은 붉은 벽돌 건물 '대구방송국' KG홀 전시장이 있었기에 시민들의 기억에서 사라져서는 안 될 대구문화의 모태 공간인 것이다.

과거의 대구역 건물, 역전광장과 함께 시민회관은 대구의 상징이자 시대의 표상이었다. 시대 변모, 기능의 유용성, 도시 진화에 따라서 역전광장과 대구역은 이미 화려한 상업건축에 의해 잠식되어 버리고 말았지만 40여 년을 지나온 시민회관의 나이는 어느덧 근대건축의 반열에 서 있다.

대구시민회관은 건축물의 작품적 완성도 이전에 대구가 기억하고 기록해야 할 부분이다. 한때 전국적으로 명성을 떨쳤던 지역 건축가 후당 김인호 선생과 '대아건축연구소', 지역주의 건축 흔적의 '대구시민회관 건축'을 함께 기억해야 할 것이다. 그래서 40여 년 후에 건축 문화유산으로 이어가고 건축재생 작업의 실행은 분명 문화도시로 진화하고 있다는 것이다.

　대구시민회관은 560여억 원 투자와 4여 년의 증, 개축 공사를 마치고 2013년 11월 29일 1천284석의 콘서트 전문홀(그랜드콘서트홀)로 변신하여 재개관했다.

건축, 예술로 피어나다

'대구시민회관'은 2016년 1월 1일부터 '대구 콘서트하우스'로 명칭을 변경하였다.

'그랜드콘서트홀'은 최고의 음향을 위해 무대와 객석이 하나의 공간으로 통합된 슈박스 형태이다. 무대 뒷부분은 합창단원석이자 객석이 된다. 무대막이 설치되고 무대와 객석을 구분 짓는 무대 막 프로시니엄 아치(proscenium arch)가 없다. 수도권을 제외한 지방 최초의 콘서트 전문홀로 재탄생하였다. 어느 작곡가는 개막공연 감상 후 '천상의 소리 향연'이라 표현하고, 어떤 음악가는 '서울을 능가하는 국내 최고의 콘서트 홀'이라고 평하였다.

'공연지원관'에는 소공연장 챔버홀(248석)과 함께 시립오케스트라, 시립합창단의 연습공간이 배치한다. 2단으로 나누어진 진입 데크(DECK)는 대공연장과 공연지원관 진입 동선을 유도하는 과정적 공간이다. 무엇보다도 품격 있는 건축공간을 제공한다는 점에서 높은 점수를 받아야 한다.

38년 전 과거 건축의 디테일과 구조 골격을 그대로 유지하며 현대 첨단 공연시설로 중, 개축한다는 것은 분명 비경제적 모험이며 과다 투자였다. 그러나 도시재생, 문화복원, 지속성의 건축과 도시를 위해 선택한 길이다. KT&G의 '대구예술발전소', 구 상업은행의 '대구문학관', 그리고 '시민회관의 재탄생' 사례와 같이 이 도시에 새 생명을 불어넣을 과거의 건축을 계속 탐색하고 재생해야 할 것이다.

시민회관은 밤이 아름다운 건축이다. 하얀 처마 곡선의 우아한 자태를 아름답게 하는 것은 밤마다 내부 홀에서 뿜어져 나오는 문화 불빛의 밝기인 것이다. 형형색색 공연지원관 벽면을 채우는 빛의 구성은 어두워서 더욱 아름다워지는 낭만주의 프리즘이다. 예술을 찾아드는 총총 발걸음과 마음의 풍요를 안고서 흩어지는 시민들의 실루엣이 아름답게 그려지는 것도 바로 밤의 광장이다.

A midSummer night's Love Song
시연히 고이드는 사랑의 노래                                    눈으로 본 시연의 노래                    2014. 11. 29

5__ 도시문화의 깊이
# 대구국립박물관

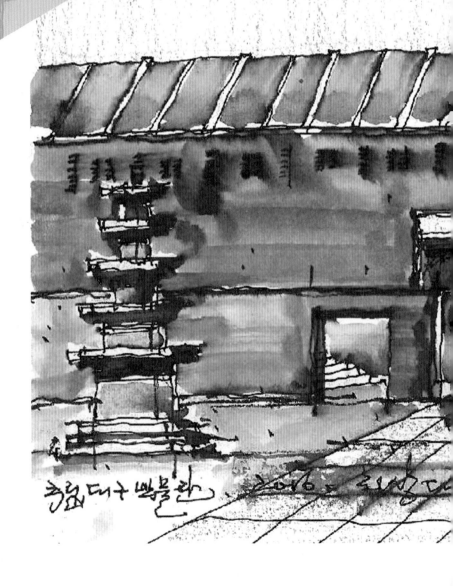

해외 도시를 여행할 때에는 가장 먼저 그 지역의 박물관과 미술관을 찾게 된다. 이유는 그곳의 문화와 역사를 먼저 읽고 파악하는 지름길이 되기 때문이다.

건축, 예술로 피어나다

　지금은 세계의 각 도시와 지역들이 앞을
다투어 박물관이나 미술관, 공연장 등의
문화 인프라를 관광 상품으로 내세우고
있다.

　중국 하남성의 정저우鄭州와 개봉開封 지역을 여행
하였다. 처음 방문하여 생소한 도시의 역사 문화를
몇 시간 동안 '하남박물원'의 광대한 전시유물과 건
축물을 통해서 체득하게 되었고 도시 위상을 실감
하였다.

국립 대가야박물관 LOBBY 2014. 8. 5 최상대.

우리 도시에는 '국립대구박물관'(1994년 개관)이 있지만 최근 문화계에서는 '대구시립박물관' 건립에 관심을 갖기 시작하였다. 달성공원의 향토역사관, 각 대학 박물관 등에 흩어져 있는 지역의 역사적 유물을 집대성해야 한다는 차원에서 시립박물관 건립을 주장하는 것이다.

관심을 가지고 보면 박물관에서는 상설전시 이외에 보기 드문 기획특별전시가 계속 열린다. 그동안 분청사기전, 초조대장경전, 조선궁궐 사진전, 조선왕실 자수병풍전, 요나라 삼채전 등 특별전이 열렸다.

박물관 중앙홀 상부는 철골구조 유리지붕으로 덮여 있다. 폐쇄된 전시공간에 비하여 탁 트인 상대적 개방공간으로 머물러 감상하기 좋은 공간이다. 한쪽 모퉁이에서 올려다보는 시원한 공간을 스케치하면서 수많은 관람객이 북적거렸으면 하는 아쉬움을 함께 그려본다.

# 6__대구예술발전소

맺음이 건축, 문화가 되다

오랫동안 관심사였던 옛 KT&G 가 '대구예술발전소'라는 이름을 달고 새로운 전시공간으로 태어났다. '대구예술발전소'라는 건축의 탄생은 여러 가지 의미를 담고 있으며, 특히 도시 문화 공간 재생에서는 중요한 사례로 기억될 것이다.

과거 산업시설이 문화시설로의 변신이 생소했던 우리에게는 외국의 사례들에서 해석을 할 수밖에 없었다. 북경의 예술지구 '따산즈 798'에는 수백 개의 옛 공장들이 변신하여 예술촌을 이루고 있으며, 개조된 지금에도 모택동시대의 붉은 투쟁구호들이 전시장 벽면을 채우고 있다. 또 80여 년 전의 발전기, 모터, 물탱크, 설비 배관들은 훌륭한 설치미술 작품으로 남겨두고 있다. 런던 템즈 강변에 과거 화력발전소를 재생한 '데이트모던 갤러리'는 지금 템즈 강변의 은은한 랜드마크이다.

오래도록 시민들에게 각인된 99m 높이의 발전소 굴뚝은 야간이면 은은한 빛을 발하는 '스위스 라이트'로 불리며 갤러리의 상징 디자인으로 전환했다.

1923년 세워진 담배창고였던 이 건물은 북성로 작은 길 내부에 위치해 전체적으로 인상적인 특징은 없었다. 진입로에서도 건축물의 높낮이 매스의 변화가 거의 없다. 오직 실용적인 창고 볼륨으로만 다가올 뿐이다. 기둥보의 노출과 깨끗한 붉은 벽돌면의 외장에서는 과거 시간과 거친 야성을 상실한 아쉬움, 그것이 가장 먼저 느껴지는 것이다.

건축, 예술로 피어나다

건물을 돌아서 만나던 정문을 진입로 가까이 주
차장과 함께 단축하고, 주출입구에 이르는 필로티
공간이 길게 나타난다. 현장성에 조화되는(시선을
집중시키는, 강렬한) 미술 장식품으로 정화시켜야
할, 지금은 그저 무미건조하고 지루한 공간이다.
내부 메인홀에서 1층과 5층을 관통하는 계단실을
오픈하는 스카이라이트가 이 건축의 새로운 중심
공간이다.

리노베이션에서도 대중이 이용하는 전시, 관람시설, 공연시설 등은 건축 관련법규와 소방시설, 단열규정 등이 까다로워 내·외부 벽체의 신설 등 전반적으로 보수할 수밖에 없었다는 게 관계자의 말이다. 따라서 거의 신축이나 다름없는 공사금액이 투입될 수밖에 없었을 것이다. 그러나 투입할 곳은 투입하고 생략할 것은 생략하는 선별은 있어야 할 것이다. 가변전시공간의 운용, 5층 레지던스 상주 공간 등의 복합시설에 따른 관리, 운영체계가 향후 더욱 중요해지리라 본다.

사람은 과거를 지우고 지금의 좋은 모습만 보이기를 원한다. 그러나 건축과 도시는 역사의 흔적과 스토리를 보여주는 것이 가치 있는 것이다.

기원전에 존재했던 세계 최고의 '알렉산드리아 도서관' 벽면에는
'영혼의 안식처' 라 적혀 있었다 한다. 헬레니즘 문화의 중심에서 유럽문명을 일깨웠던
'알렉산드리아 도서관' 은 유럽에서 대학 탄생의 역할로 이어졌다.
도서관이 대학의 상징건축이자 중심기능인 것은 현대에도 마찬가지이다.

# 2

## 건축,
## 도시를 열다

# 1 대구출판산업단지, 출판산업지원센터

출판산업의 콘텐츠

서울 외곽지 통일로 변 '파주출판단지'는 '파주출판도시'로도 불린다. 기획과 편집, 제작에서부터 유통까지 출판에 관한 모든 것이 이곳에서 이루어진다. 출판유통구조의 현대화를 지향하던 출판인들이 1989년부터 건축가들과 협력하여 새로운 문화도시를 건설했다.

미래지향적 마스터플랜과 건축설계 디자인으로, 버려진 늪지대를 세계적 생태 건축단지로 실행한 좋은 사례이다. 출판 산업의 콘텐츠와 건축가의 건축설계 디자인의 힘을 헤이리 예술 마을과 함께 잘 보여준다.

남대구 나들목(IC) 근처 월성동과 장기동 일원 24만 6천여m²에 출판, 인쇄, 서적 관련 업체 등을 집적화하는 '출판산업단지'가 2013년 조성되었다. 공식 명칭은 '출판인쇄산업정보밸리'이다.

단지 내에 출판콘텐츠산업육성과 디지털출판환경 대응을 위한 '대구출판산업지원센터'가 완공되어 2016년 8월부터 업무를 시작했다.

다목적실과 북카페, 지식정보지원실, 출판기업 입주공간, 퍼블리싱 지원실, 전자출판공동제작센터, 공동장비센터, 공동물류센터 등의 시설로 총사업비 225억 원을 투입해 부지 6040m²에 지하 1층, 지상 6층, 연면적 8425m²규모로 건립됐다.

중구 남산동 일대의 인쇄골목은 오랜 세월 동안 지역 출판인쇄산업의 역사를 함께해 왔다. 그러나 영세하고도 열악한 환경과 재개발 등의 도시 변화에 따라 잠식위기에 처해 있었다.

출판산업단지 조성과 출판산업지원센터 건립을 계기로 지역 출판업계의 영세성과 인쇄업에 치중된 구조를 고부가 가치 출판콘텐츠산업으로의 탈바꿈하는 지식문화공간화를 꿈꾸고 있다.

출판지원센터 2층 Book CAFE

　현대생활은 영상매체, 스마트폰 등 출판물을 대신하는 다양한 매체들로 인해서 출판·인쇄는 날로 경쟁력을 잃어가고 있는 현실이다. 대구출판산업지원센터는 지역의 출판·인쇄문화 진흥을 위해 전자출판 분야의 기술개발, 북 디자인 분야의 집중 육성, 학술출판의 새로운 사업모델 창출, 1인 출판 등의 미래지향적 네트워크를 구축하며 새로운 비즈니스 기회를 창출하게 될 것이다.

　입지적으로 출판산업단지는 성서산업공단의 마지막 남은 일부분이었다. 남대구IC에서 화원IC 방향의 고속도로 변을 따라서 (과거 비상활주로 부지) 4차 산업단지는 첨단공단으로 채워져 있다. 고속도로 주변에 싸구려 공장 건축이 아닌 건축디자인을 잘 갖춘 건축시설들이 자리하는 것은 대구의 좋은 이미지와 좋은 경관을 내보이는 것이다.

출판산업단지는 남대구 IC와 인접하고 있다. 고속도로(중부내륙고속지선)에서 대구를 들고 날 때마다 내려다보인다.

'출판산업지원센터' 건물은 산업단지와는 4차선 도로로 분리되어 있어서 오히려 '웃는얼굴아트센터' 건물과 상응하고 있다. 주차장 진입 가까이에서는 위압적으로까지 보이는 경사진 매스와 사선 입면 디자인은 독창적 개성을 과다하게 강조하며 대비적 표정을 하고 있다. 산만한 산업(공장)단지 환경의 정비와 기존 아트센터와의 도시적 맥락성, 건축적 조화가 아쉽고 코어를 중심으로 두 개로 분리된 입면의 단일화로 안정성이 필요한 것 같다.

이곳은 시민들의 발걸음이 잦아야할 출판의 소프트웨어요, 출판문화의 꽃이다. 좀 더 개방적이고 밝음의 공간이자 외향적 디자인으로 그 기능 용도가 드러났으면 하는 생각이다.

출판산업단지의 조성과 입주는 곧 출발이요, 지원센터의 건립과 완공으로 그 반을 이루었을 것이다. 나머지의 몫은 '출판문화산업진흥원'의 운영 방법과 책을 가까이 하는 시민들의 애정이다.

DGIST(대구경북과학기술원. Daegu Gyeongbuk Institute of Science and Technology)는 2003년 12월 11일 제정된 대구경북과학기술원법에 따라 설립된 미래창조과학부 산하 국책연구기관이다.

2004년 출범한 DGIST는 2011년에 대학원 석·박사 과정을 먼저 개설했고, 2014년부터 학부과정을 개설했다. 기초 학부의 학사과정은 '융복합'교육으로 이루어지며, 대학원에는 신물질과학전공, 정보통신융합공학전공, 뇌과학전공, 로봇공학전공, 에너지시스템공학전공, 뉴바이올로지전공이 개설되어 있다.

비숲Novel 가운 차별화13BLDG

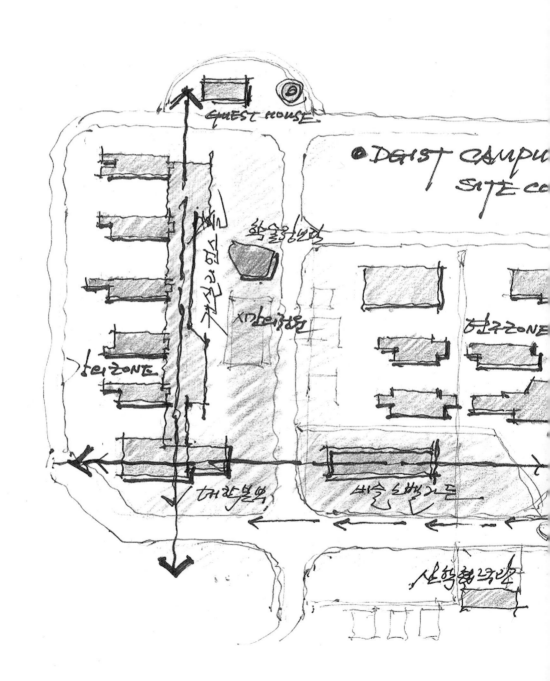

캠퍼스에 들어서면
비슬산 원경이 보이고 하천을 건넌다.
근린공원 동산을 우회하면서 진입하여야 하기 때문에
한꺼번에 캠퍼스 전경이나 위용이 드러나지 않는다.

## 캠퍼스의 영역 ZONEING

  인체는 세포조직으로 연결되고 혈액순환의 흐름으로 이루어진다. 캠퍼스 역시 안에서의 연구 교육과 일상들이 조직이며 세포이자 순환이다. DGIST 캠퍼스 공간과 건축에서는 융복합의 연구중심 교육의 환경과 특성, 세계 초일류를 지향하는 교육이념을 상징하고 있다.

  DGIST는 비슬산을 자연적(nature) 환경과 테크노폴리스의 도시적(urban) 배경과 연계하여 위치한다. 따라서 캠퍼스 고유의 시설기능은 산학배경과 주변 자연을 함께 아우르는 융복합적 배후 요소까지 갖춘 캠퍼스 환경이라 할 수 있다.

건축, 도시를 열다

캠퍼스 주요 시설들은
연구zone + 교육zone + 주거zone으로 구분되어
동서방향으로 펼쳐져 있지만 zoning별
건축물들은 남북방향으로 상호 연계되어
배치하고 있다.

　캠퍼스를 들어서면 비슬산 원경이 보이고 하천을 건넌다. 근린공원 동산을 우회하면서 진입하여야 하기 때문에 한꺼번에 캠퍼스 전경이나 위용이 드러나지 않는다. 마치 전통사찰의 진입처럼 일주문을 지나고, 솔밭 길을 따라서 단계적 점층적으로 마당과 집을 만나듯, 번잡한 도시와는 분리되어 내밀한 수행공간의 분위기를 느끼게 한다. 특히 작은 산 너머에 안주하고 있는 기숙사(비슬 빌리지) 영역과 국제관은 전원적 자연경관 입지를 최대한 활용하여 계획되었다.

　캠퍼스 주요 시설들은 연구zone + 교육zone + 주거zone으로 구분되어 동서방향으로 펼쳐져 있지만 zoning별 건축물들은 남북방향으로 상호 연계되어 배치하고 있다. 세부적으로 종합체육관, 운동시설, 산학협력관, 국제관 등은 외부 방문객과 인근 주민들을 배려하여 진입 부분에 위치하고 있다. 위상적位相的 의미를 갖는 '게스트하우스'와 '비슬융합정원'은 캠퍼스의 가장 윗자리에 위치하여 캠퍼스를 굽어보는 듯하다.

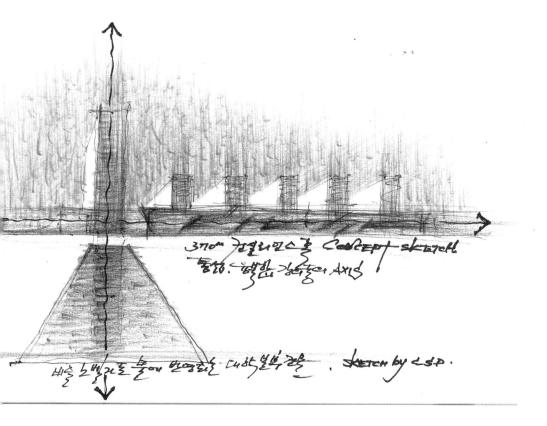

370m 캐릴리어스를 Concept sketch

동선. 명확한 가슴적인 AXIS

내슘 고배르크를 동이 알으면서. 대상 세밀'진건     . Sketch by ‹S.P.

## 캠퍼스의 축 AXIS

도시나 캠퍼스 안에서도 군집과 무리를 이루는 건축에서는 중심을 이루는 축(AXIS)이 있다. 중심건축, 중심도로, 중심광장을 시각적으로 내세우는 강력한 상징축이 있는가 하면 외향적으로 잘 드러나 보이지 않는 은밀한 내면적인 축도 존재한다. 공간의 축(space axis)을 바라보는 시선으로 DGIST캠퍼스를 조감해 본다.

첫 번째의 축은, 진입에서부터 내부에 이르는 과정이다. 이것은 시간 진행에 따라 나타나는 외부 공간의 축이다. 캠퍼스의 경관에서 시각적 요소를 이루는 외형적 공간흐름이라 부를 수 있다.

두 번째의 축은, 시간의 축을 지나서 다다른 연구zone의 컨실리언스(consilience)홀이다. 이것은 내부 공간의 축이다. DGIST VISION과 교육이념을 표현하는 건축 콘셉트이며 캠퍼스의 기능적·상징적·정신적 가치를 함께 표출하고 있다.

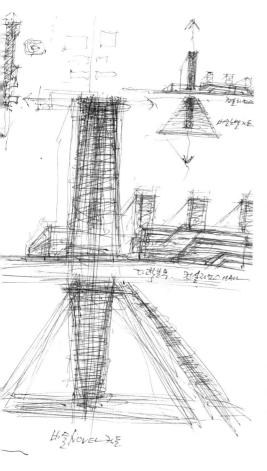

비슬NOVEL가든

## 외부 공간 –
## 시간의 축 EXTERIOR– TIME AXIS

DGIST캠퍼스는 정문GATE - 융복합 나침반
(정문 상징조형물의 명칭) - 비슬노벨가든 - 시
간의정원 - 학술정보관에 이르는 외부공간이
연결되어 흐르고 있다. 각 공간의 장소들은
DGIST캠퍼스의 의미를 나타내는 고유한 명칭
을 갖고 있다. 자동차 동선과 보행자 동선도 축
의 흐름을 따라서 이동하고 흩어진다. 흐름의
축은 경직된 직선이 아니고 땅의 높낮이에 순
응하고 건물 크기와 거리에도 상관관계를 가
진다.

캠퍼스의 첫 만남은 정문조형물
'융복합 나침반(Great Convergence)'
이다. 'C'는 창의(Creative), 기여
(Contribution), 배려(Care)의 영문 첫
이니셜로 DGIST 인재를 의미한다. 하
늘을 향해 열려있는 나침반은 무한한
미래를 향한 도전이자 캠퍼스의 초대
장이다.

건축, 도시를 열다

나침반은 학술정보관 앞뜰 '시간의 정원'에서도 미래의 세계를 가리키고 있다. 시대와 국적을 초월한 세계 지성들(아리스토텔레스, 레오나르도 다 빈치, 정약용, 세종대왕, 토머스 에디슨, 알버트 아인슈타인, 프랜시스 크릭, 빌 게이츠)은 이 시간에도 나침반을 둘러싸고서 열띤 토론을 벌이고 있다. 이처럼 '시간의 정원'은 선현들의 생각을 만날 수 있는 시간과 공간이 함께하는 정원이다.

캠퍼스 외부 공간의 중심은 '비슬노벨가든'이다. 132m×6m 크기의 '물의 공간'은 캠퍼스의 랜드마크다.

11층 높이의 대학본부 건물 그림자가 반영反影되도록 의도한 수공간水空間이다. 깊이를 가진 물이 아니라 그림자만 비치는 얕은 거울이다. 현실의 크기와 길이는 물의 거울을 통해서 확장되고 팽창한다. 봄날에는 노벨상수상자들과 어깨를 나란히 하는 '석학들의 벤치'에 앉아 명상에 잠겨보면 물의 거울을 통해서 블랙홀의 미래에 빠져 들게 될 것이다.

### 내부 공간 - 통섭의 축 INTERIOR - consilience AXIS

시간의 축을 지나서 다다른 캠퍼스의 서편 정점에는 연구zone이 위치한다. 대학본부동의 수직성에 대비되는 '컨실리언스(consilience)홀'에서는 370m의 강렬한 내부 공간의 축을 만나게 된다.

CONSILIENCE AXIS HALL sketch

건축, 도시를 알다

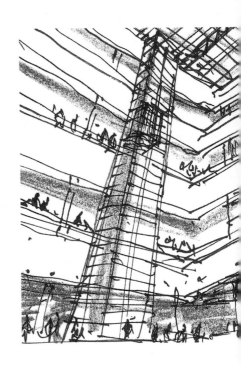

컨실리언스(consilience)는 통섭統攝으로 풀이 된다. 인문·사회과학·자연과학을 통합해 새로운 것을 만들어내는 범 학문, 즉 서로 다른 것을 묶어 새로운 것을 이룬다는 DGIST의 융복합의 정신을 건축공간으로 나타내고 있다. 이 건축 작품은 2015년 대구광역시 건축상 공공부문 '은상' 을 수상했다.

'컨실리언스홀'은 각각 독립된 5개의 전공 학부동 동선을 남북으로 연결한 건물이다. 강의실·교수실·지원 후생시설 등 다양한 기능을 3개 층의 아트리움 공간으로 통합된다. 컨실리언스 수평공간에는 경계·벽·단절·분리를 없애고 밝은 빛·소통·투명·통섭이 존재하는 공간으로 설계하였다.

세계적 주요 연구시설 건축들은 각각의 기능을 세분화, 분리화하지 않고 통합한다. 하나의 거대한 내부 공간에서 서로 소통하고 통합하는 추세이다.

미국에서 건립되고 있는 구글 본사 건축은 마치 도시 전체 기능이 거대한 투명 그린 루프(Green Loop)로 통합된 하나의 내부 공간이다. '캠퍼스 - 2'라 이름 붙인 애플 사옥은 13,000명의 연구원이 상주하는 8만 평 규모로서 거대한 원형 고리의 통합공간으로 설계된 유니버설 스페이스이다.

period - 뫼비우스 띠

기원전에 존재했던 세계 최고最古의 '알렉산드리아 도서관' 벽면에는 '영혼의 안식처'라 적혀 있었다 한다. 헬레니즘 문화의 중심에서 유럽문명을 일깨웠던 '알렉산드리아 도서관'은 유럽에서 대학 탄생의 역할로 이어졌다. 도서관이 대학의 상징건축이자 중심기능인 것은 현대에도 마찬가지이다. 영상의 시대인 21C에는 책이 중심인 도서관도 기능과 명칭, 형태가 진화하고 있다.

연구zone과 교육zone 사이 영역에는 '시간의 정원'을 앞두고서 '학술정보관'이 한 점(period)으로 존재한다. 축으로 이어지는 흐름과 길이의 연속성에 비하여 시간이 정지한 듯한 공간이다.

'학술정보관'은 시작이 없고 끝도 없이 이어지는 뫼비우스 띠 형상의 타원형 건축이다. 6층 높이에 비워져 있는 내부공간(void space)에는 '지식의 클라우드'가 떠 있고 '자유상상'으로 채워지는 캠퍼스 안의 '영혼의 안식처'라는 생각을 하게 된다.

# 3 대구신서혁신도시
# 한국가스공사 사옥

대구신서혁신도시에는 11개 공기업이 입주하고 있다. 한국산업기술평가관리원, 한국산업단지공단, 신용보증기금, 한국장학재단, 한국사학진흥재단, 중앙교육연수원, 한국교육학술정보원, 한국가스공사, 한국정보화진흥원, 한국감정원, 중앙신체검사소와 같은 사옥이다. 2015년 5월 모두 완공되어 업무를 시작하였다.

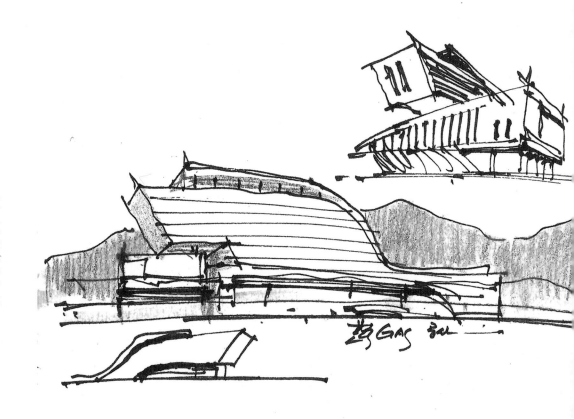

11개 공기업 사옥 중 가장 주목을 받는 건축은 2014년 10월 1일 업무를 시작한 한국가스공사 사옥이 아닐까 생각한다. 2011년 12월 착공한 지 3년여 만에 완공하였다. 신서혁신도시 입주기관 가운데 가장 규모가 크며(상주직원 830여 명) 혁신도시에 강력한 활력을 주는 건축적 형상을 보여주고 있다.

신사옥은 대지 6만 4천892m²에 총 연면적 6만 4천754m²(3만 1천500평) 면적으로 지하 2층, 지상 11층 규모이다. 혁신도시 단지 내에서 가장 높은 지형에 위치하고 있으며, 11층이라는 고층의 높이가 인식되지 않는 부드러운 수평적 곡선 형상으로 디자인되었다.

혁신도시의 자연 지형은 배후의 능천산과 초례산에서 뻗어 내려오는 3개의 산 능성 사이에 형성된 4개의 계곡(valley)을 따라서 조성되어 있다. 그 4개의 계곡은 친환경 생태지구, 도시형 업무지구, 미래형 혁신지구, 친환경 주거지구 영역별로 조성된다. 한국가스공사는 미래형 혁신지구의 가장 높은(표고 100~110m) 끝 부분에 위치하며, 후면은 자연적 배경에 근접하고 남쪽으로 트여 경관이 가장 좋은 곳에 위치하고 있다.

펌프 사옥의 프로젝트 소개

건축 디자인의 콘셉트는 청정에너지를 싣고 세계를 누비는 대형선박의 형상과 자연과 인간의 충만한 에너지가 담기는 그릇(용기), 에너지가 교감하여 흐르는 길(혈관)의 이미지를 형상화하고 있다. 입지가 산에 가까운 경사 부지이다 보니 사옥 진입 앞마당과 뒷마당의 레벨 차이는 2개 층 높이다.

본관 1, 2층 로비는 메이저 스페이스 공간이다. 업무, 강당, 후생시설 3개 기능과 연결하는 열린 공간(open space) 역할과 외부동선을 적절하게 완충 역할을 한다. 산으로 이어지는 건물 뒤 공간에는 간이축구장, 테니스장, 체력단련장 등 외부시설로 배치하여 점층적으로 높아지는 지형 레벨을 완충, 적응하고 있다.

신사옥은 건물 배치와 입면 조형에서부터 내부 기능의 구분을 선명하게 나타내고 있다. 남측 게이트를 구심점에서 반원형으로 확산하며 조경 연못, 진입마당, 주차마당이 자리한다. 그 반원 공간을 둘러싸면서 건물의 거대 매스(mass)가 높낮이 강약의 리듬으로 펼쳐진다.

빛, 열에너지를 최대한 고려하여 남향으로 펼친 업무시설 동을 중심축으로 건물의 최대(11층)에서 최소(3층)까지 유려한 지붕 곡선 스카이라인을 선명하게 표현하고 있다. 그 곡선 디자인은 거대 매스(mass), 경직성, 위압감, 자연환경의 부조화, 복합건물 등의 불리함을 불식시키듯, 강렬한 곡선의 획을 긋고 있다.

진입 왼편 서측으로 돌출한 강당·식당동과 업무동과의 명쾌한 매스(mass) 구분은 옥상정원 공간으로 표출하고 있다. 이 부분은 서쪽 도로에서의 매력적인 건축 경관을 제공하고 있다. 상부 업무동의 모서리(edge)는 강력하고 도발적 매스(mass)로 강조되며, 노출된 기둥의 변형 디자인으로 효과를 극대화하고 있다. 강당에 연결하여 북측으로 돌출 배치한 직원식당은 뒷산을 바라보는 여유로운 위치이다.

진입부 오른편으로 지붕 곡선이 낮아지며 건물 높이는 최소화된다. 업무 시설과 필로티로 분리되며 체육시설이 지붕으로 연결된다. 필로티 오픈공간으로는 뒷산의 풍경이 흡수되고 앞뒤 마당은 공간으로 연결된다. 지상 층에는 실내체육관, 체력단련장이 있고 지하층에 실내수영장이 있다. 이 혁신도시에 가족과 함께 정착하지 못한 직원들을 위해서는 운동시설 등 후생복지시설이 충분해야 함은 당연할 것이다. 그러나 호화시설, 과잉시설이라는 시민들의 눈총도 있을 수 있을 것이다. 각 기관마다 텅 비어있는 축구장들이 그러하다. 시민들에게도 일정시간을 정해서 개방하는 것도 지역민과 함께 하는 좋은 방법이 될 수 있을 것이다.

'친환경 에너지 기업'이라는 이미지에 맞는 신재생 시설의 모범적 적용이 많다. 사옥의 소비 에너지를 50%가량 절감할 수 있는 지능형 첨단 시스템 건축으로 설계되었다.

전등은 모두 태양광과 지열을 활용하며, 연간 12억 원의 에너지 예산절감 효과를 나타내는 건축이다. 조감도에서만 나타나지만 넓은 옥상 지붕의 외피는 솔라 패시브 시스템 설치를 위한 이중구조이다. 진입부 주차마당에 솔라 시스템을 과감히 설치한 것은 에너지 상징화보다 마당 그늘을 제공하는 장점이 있다. 타 공공기관에서도 넓은 주차공간 등에 적극적으로 도입해야 할 설계라 생각한다. 단, 배치적 위치와 조형적 비례, 경관을 고려해야 한다는 전제가 따른다. 건축 디자인을 배려 않는 흉물이 되어서는 안 되기 때문이다.

　한국가스공사는 정문 통과에서부터 까다로운 절차를 거친다. 임의 출입과 촬영은 할 수 없고 홍보실 직원의 안내를 받아야 하는 것은 국가 기간산업에 해당하는 사옥이기 때문이다. 1층에는 훌륭한 홍보관이 설치되어 있지만 어떻게 일반인들에게 공개되어야 할지도 생각해야 한다. 그리고 특별한 시설 공간 이외에는 시민들에게 개방해야 할 것이다.

# 4 대구신서혁신도시
한국감정원

대구신서혁신도시의 사옥들은 거의가 우리 지역에서는 생소한 명칭과 기능들이다. 한국감정원 신사옥은 2013년 9월 건축 완성과 함께 혁신도시에서는 두 번째로 이전하였다.

한국감정원은 1969년 정부출자기관으로 설립되었다. 지난 40여 년간 서울에 본사를 두고 감정평가, 부동산 공시가격 조사, 보상수탁사업 등을 수행해 왔다. 시대의 변천에 따라 최근에는 감정평가 타당성 조사 등 공적 기능과 전국 지가변동률 조사 등 감정원 기능 업무를 수행하고 있다.

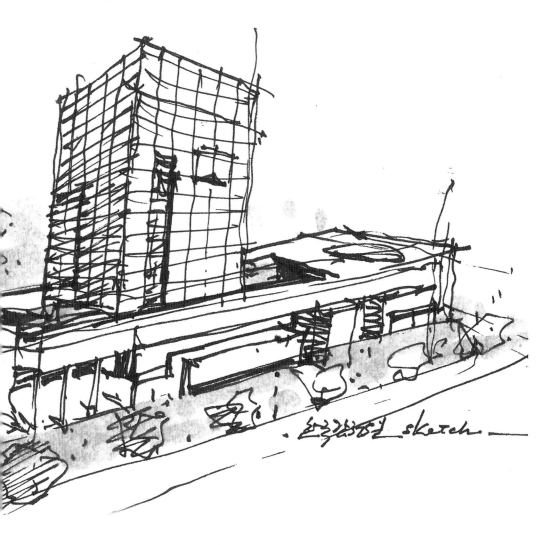

건축설계 콘셉트는 '정안루正眼樓'이다.
바르게 보는 마루, 바른 눈으로 가치를 평가하는
한국감정원의 이념을 건축으로 상징화하고 있다.
업무동 입면 파사드는 높이를 강조하지 않는다

한국감정원 신사옥은 지하 1층, 지상 13층(부지면적 2만 1천405㎡, 건축연면적 2만 1천838㎡) 규모의 시설이며 근무 인원은 330여 명이다. 사옥은 혁신도시 내에서 가장 중요한 자리에 위치한다. 전체 혁신도시 중앙의 중심상업지구와의 결점으로서, 고속도로와 평행하게 진입하는 도시 메인 도로와 중심상업지구가 만나는 그 교차 지점에 한국감정원 신사옥이 있다.

건물의 동측을 돌아 게이트를 통과하면 주차마당으로 진입한다. 서측의 별관 연수동(5층)이 본관 매스와 연결되어 있다. 주 진입은 1층 필로티 완충공간을 거쳐서 메인로비로 진입한다. 도로 측 정면과는 다른 분위기다. 교차지점 모퉁이 오픈 스페이스는 수공간水空間, 분수대, 무대, 데크 조경 등으로 구성된 시민 소공원이다. 오픈 데크에서는 가끔 음악회가 열린다.

건축, 도시를 열다

접근성이 어렵다는 신사옥들에 대한 선입견과 달리 1층 저층부 공간에는 울타리가 없고 로비, 식당, 카페, 운동장까지 시민들에게 열려 있다는 것이 다른 공공기관과의 차이점이다. 값비싼 재료와 공사비, 특이한 디자인, 그들만의 시설 전용화, 외부에 폐쇄된 공간은 좋은 공공건축이라 할 수 없다. 국민의 세금으로 지어진 건축과 시설이기에 가능한 한 시민들에게도 개방되고 공유할 수 있는 시설이어야 할 것이다.

전면도로에 따라 길게 가라앉은 150m에 이르는 수평 매스는 전통건축에서의 누마루를 의도하고 있다. 12층 높이의 주 업무동과의 수평·수직의 선연한 구별로 엄격함, 분명함이라는 잣대를 느낄 수 있다. 도로 스케일에 따른 긴 수평 매스는 혁신도시의 산만함과 단절감에 연속성과 안정감을 주는 도시적 장치로 해석하면서 건축적 성과로 평가할 수가 있다.

눈높이 채광 조망의 일탈을 깨트리면서
디자인 일관성을 지속한 것이다.
이것은 설계자의 의지력과 설득력에 건축주의 신뢰와 이해력이
더해져야 완성되는 것이다.

저층부 2층은 강당(300석)과 대·소회의실이 있고, 특이한 점은 로비 상부 건물의 중심 부분에 식당과 휴게실, 카페가 배치되어 있다는 점이다. 식당은 환기, 동선 문제로 외기에 근접하거나 뒷부분에 배치한다는 통념에서 벗어나 있고 식당과 카페는 일반 시민들에게도 개방되어 있다.

도로 측으로 길게 보이는 3층은 스쿼시, 탁구장, 도서관, 동호회실, 노조사무실 등이 야외 조경공간과 연계되어 있다. 1층에는 어린이집도 운영되고 있다. 혁신도시 사옥들의 공통점은 운동시설, 후생시설 등의 공간 비중이 높다는 점이다. 한국감정원도 직원 가정의 지역 정착률이 20% 정도라고 한다. 즉 80%는 가정과 떨어져 생활하고 있는 것이다. 고립된 환경에서 그들의 실질적인 공간일 것이다.

건축설계 콘셉트는 '정안루正眼樓' 이다. 바르게 보는 마루, 바른 눈으로 가치를 평가하는 한국감정원의 이념을 건축으로 상징화하고 있다.

업무동 입면 파사드는 높이를 강조하지 않는다. 가로형 사각 패널 창이 면과 지그재그 형태로 구성되어 있어 그 모양이 기하학적이다. 공공건물 창의 모듈 패턴으로는 파격적이다. 사무실 안에서는 당연히 일상적 창과 벽이 아니라 눈높이에서의 막힌 벽도 생긴다. 그 입면의 구성은 뒷부분 연수동 건물의 발코니 입면에서도 펀칭메탈로 구성했다. 눈높이 채광 조망의 일탈을 깨트리면서 디자인 일관성을 지속한 것이다. 이것은 설계자의 의지력과 설득력에 건축주의 신뢰와 이해력이 더해져야 완성되는 것이다.

업무동 건물의 포인트는 11, 12층 높이에 돌출된 글라스박스이다. 고속도로에서도 먼저 눈길을 끄는 포인트 디자인은 세상을 바로 바라보는 '정안'을 상징하고 있는 듯하다. 건축에서 상징과 사물만을 강조하는 것은 표제건축에 이르기 쉽다. 그러나 적당한 스토리가 구성되지 않은 건축은 무미건조하다. 실내정원이 있는 그 유리박스는 고속도로와 도시 원경을 바라볼 수 있는 도시의 창이다.

전면도로에 따라 길게 가라앉은 150m에 이르는 수평 매스는 전통건축에서의 누마루를 의도한다. 도로에 따른 긴 수평 매스는 혁신도시의 산만함과 단절감에 연속성과 안정감을 주는 도시적 장치이다.

건축, 도시를 열다

# 대구경북디자인센터

국가와 도시의 상징 이미지도 시대상황에 따라서 변해가고 있다. 사회적 문화적 이미지를 표현하는 건축과 함께 잘 디자인된 건축물이 그 도시와 국가를 상징하게 되는 것이다. 뉴욕을 여행하면 찾게 되는 맨해튼 리버티 섬 자유의 여신상이 뉴욕을 상징하지는 않는다. 2001년 오사마 빈 라덴의 9.11테러로 무너져 내린 WTC(월드트레이드센터)와 최근 새로 지어진 건물과 상징적 공간 그라운드 제로(Ground zero)가 미국과 뉴욕의 상징으로 인식되고 있다. 파괴된 그 장소에는 미국 자유 미래와 뉴욕의 긍지를 상징하는 건축 '프리덤 타워'가 다시 지어졌다.

「DESIGN CENTER」.

　윌리엄 왕세손과 캐서린이 성대한 결혼식을 올린 웨스트민스터 사원과 빅벤, 타워브리지는 영국 런던의 전통 권위를 상징하는 건물과 거리이다. 템즈 강변을 따라서는 도시 재생 문화 프로젝트인 테이트 모던 갤러리, 밀레니엄브리지, 런던시청사가 건축된다. 과거 산업 시대의 유산인 도시 공백을 재생하며 런던은 신 르네상스 하이테크 도시로 이미지가 변신 되었다.

　G2 경제대국으로 부상한 중국 베이징은 그동안 천안문광장과 자금성이 트레이드마크였다. 2008년 베이징 올림픽 경기장인 나오차오鳥巢, 수이리펑水立方, CCTV빌딩 등은 세계건축 디자인의 각축장이 되었으며 '798 따산즈' 예술지구는 이미 세계 미술시장의 중심이 되었다.

　건축계의 노벨상이라 일컫는 프리츠커상을 6회 수상한 일본은 세계최다 수상국이다. 노출 콘크리트의 건축가 안도 다다오는 나오시마의 지추地中 미술관 등을 통해서 일본 건축 문화를 상징하고 있으며, 한국을 비롯하여 세계 곳곳에 다다오 건축 작품이 세워지고 있다.

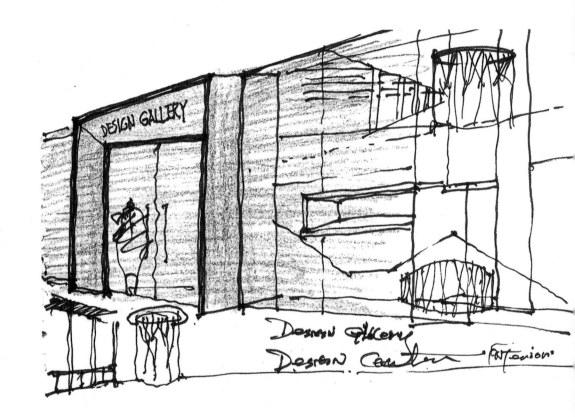

유서 깊은 역사성을 지닌 건축물, 훌륭하게 디자인된 건축물은 도시 대표성과 상징성을 갖는 것은 물론이요 문화 관광 상품이다. 외국과의 문화교류 행사에서 대구방문 손님들에게 '우리도시 보여주기'일정의 어려움을 항상 겪는다. 결국 신라유적지 경주 등의 다른 도시로 이동할 수밖에 없다는 것은 그만큼 대구의 문화적 장소에 위치한 디자인 건축을 내세울 것이 없다는 것이다.

대구시는 2005년부터 'Colorful DAEGU'를 공식 슬로건으로 채택하고 있다. '섬유패션 도시' '지식산업도시' 등 그동안 실천하지 못한 많은 슬로건에 길들여져 왔다. 'Colorful'은 여러 가지 색상으로 활기 충만함을 연상시키며 보수성과 견고성에는 상반된다.

'대구의 컬러가 있는가? 어떠한 컬러인가?' 반문하고 생각하게 한다. 첫 출발은 잘 디자인된 도시와 건축의 실천이다. 우선 공공 건축물에서부터 대구의 컬러, 대구의 건축이 되어야 하는 것이다.

'컬러풀 건축' 중의 하나가 동대구로에 위치한 '대구경북 디자인센터'이다. 각 도시들에는 컨벤션센터와 함께 디자인센터가 설립되고 있다. 디자인센터는 역할에 따라서 산업디자인에서부터 공공디자인에까지 도시의 세련된 디자인 수준의 바로미터가 되는 것이다. 최근 지역출신의 젊은 디자이너가 뉴욕시장에 진출하고 세계 디자인 컨페티션을 석권하는 현상도 디자인 센터의 역할과도 무관치 않을 것이다.

대구의 관문 동대구역에서 MBC네거리에 이르는 중간 지점에 '디자인센터'가 위치한다. 이 길을 '벤처로'라고 한다. 11층 높이의 이 건물은 다양한 디자인 요소의 입면과 독특한 메스의 구성으로 다른 건물과 쉽게 구별된다. 당연히 디자인센터의 수준은 잘 디자인된 건축물에서부터 출발하는 것이다.

2007년 7월 준공된 디자인센터는 디자인 관련 지원사업, 교육연수, 시설지원의 기능을 가지고 있다. '21세기 창조경영지식산업화의 핵심 키워드로 부각되고 있는 디자인의 거점으로서 산産·학學·연硏·관官이 함께 협업하는 디자인센터를 지향하며 디자인 산업을 육성하고 디자인 비즈니스 콤플렉스로서의 역할을 다 한다'고 취지를 밝히고 있다.

단일 건물에 이렇게 다양한 기능과 공간 컬러를 담고 있는 것이 디자인센터의 특수성이다. 1층에서부터 자연스럽게 연결되어지는 내부를 따라 계속 오르다보면 자연스럽게 디자인 건축 공간을 체험하게 된다. 이 건물을 디자인 전문가를 위한 시설이라고 구분, 한정해서는 아니 될 것이다. 미술 전시장을 감상하듯, 건축공간을 산책하고, 북카페에도 들르고, 멋지게 잘 디자인 된 잔에 커피를 음미하고 하늘 정원에 오르다보면 어느새 디자이너의 시각으로 도시와 건물을 보게 되는 자신을 발견하게 될 것이다. 디자인센터는 곧 '컬러풀 대구, 디자인 도시'를 위한 시민 문화체험공간이다. 그러나 관련 디자이너들만의 걸음이 있을 뿐이어서 대중화가 필요할 것이다.

건축, 도시를 열다

1층 : 로비, 기획전시장, 컬러체험장

2층 : 카페, 디자인갤러리, 비즈니스전시장

3층 : 컬러소재관, 명품전시장, 소재이벤트 전시장

4층 : 디자인전시실, 디자인숍, 워크숍

5층 : 컨벤션홀, 리셉션홀

6층 : 통합정보실, 스튜디오

7층 : 디자인 교육실, 가상현실스튜디오, 색채분석실

8층 : 국제회의실, 디지털 프린팅센터, 아트홀

9층 : 디자인 멤버십, 워크룸, 개인창작실, 북카페

10층 : 기업관

11층 : 회의실, 행정실, 연구실, 디자인상담실, 하늘정원

# 6 대구텍스타일콤플렉스 DTC

대구의 건축, 문화가 되다

10년이면 강산도 변한다고 했다. 지금은 강과 산만이 아니라 우리가 살고 있는 도시도 변화하고 진화한다.

지자체에서 중장기 도시계획을 수립하고, 수년이 지나면 도시의 지도 즉, 판도版圖가 달라진다. 우리 대구도 10여 년 전과 비교해 보면 도시의 판도가 많이 달라졌다. 신서 지식창조혁신도시, 달성 테크노폴리스, 봉무 이시아폴리스가 새로운 면모를 갖추면서 대구의 외연은 넓어지고 확대되고 있다.

이시아폴리스 산업단지는 'EAST ASIA POLIS, 아시아 동쪽 도시'를 뜻한다.
1999년 '섬유·패션도시, 대구' 선포와 함께 '봉무 패션어패럴밸리' 조성계획이 발표되었다.

● 에시아폴리스. 대헝C41임포토역스 DTd. 출

DTC의 건축 기능과 조형은
크게 두 개의 매스로 연결되는 구조이다.
남측 도로 3면에 노출되는 전면에는 공공적 기능인
섬유박물관(4층)이, 동측 간선도로를 따라서는 비즈니스센터(9층)가
자리한다. 두 기능의 그 중간은 다목적 홀로 연결된다.

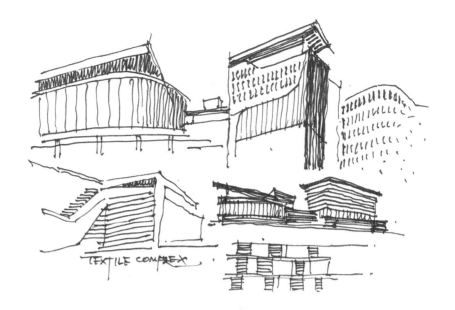

TEXTILE COMPLEX

미래형 첨단 복합도시로의 주거, 상업, 산업용지로 구성된 단지면적은 1,176,261m² 규모이다. 2006년에 시작하여 2015년에 완성되었다. 시민들에게는 가장 먼저 개발된 아파트단지와 대형 아울렛, 배후의 자연환경 단산지와 봉무공원으로 기억되고 있다. 그러나 정작 이시아 폴리스의 주인공이 '대구텍스타일콤플렉스(DTC)'인 것을 알고 있는 시민들은 많지가 않다.

2015년 5월 개관한 지하 2층, 지상 9층 (연면적49,667m², 15,000평)의 대형시설에는 비즈니스센터, 마케팅센터, 트레이딩센터와 다목적홀, 금융, 스카이라운지, 편의시설을 갖추고 있다. 시설의 핵심은 섬유도시 대구에만 있는 국내 유일의 섬유 종합박물관 'DTC 섬유박물관'이다. 국내외 섬유·패션산업의 역사와 관련 유물들을 보존 및 전시하며 패션관, 산업관, 미래관으로 구성된 상설전시실과 기획전시실, 어린이 체험실, 디자인스튜디오, 서클영상관이 있다.

문화체육관광부가 MICE산업 활성화를 위해 선정한 기업회의 명소 15곳 중 하나로 DTC가 선정되었다. 선정된 기관은 지속적 홍보 및 기업회의, 수요자 매칭, 해외 네트워크 연결 등 다양한 혜택을 받을 수 있게 된다. 또한 2015년 제24회 대구광역시 건축상 (공공부문) 금상 수상작으로 선정된 건축이다.

DTC의 건축 기능과 조형은 크게 두 개의 매스로 연결되는 구조이다.
남측 도로 3면에 노출되는 전면에는 공공적 기능인 섬유박물관(4층)이, 동측 간선도로를 따라서는 비즈니스센터(9층)가 자리한다. 두 기능의 그 중간은 다목적 홀로 연결된다.
섬유박물관의 조형은 도발적이며 날렵한 날개 지붕 형상으로 도시 가로변에 활기와 포인트를 주고 있다. 업무 공간의 성격을 지닌 비즈니스센터는 둔중한 매스와 정형화된 입, 창문 패턴에 곡선적 표피를 혼합하여 자유분방한 패션적 요소를 가미하고 있다.
패셔너블한 디자인 요소로 변화와 개성을 나타내고자 했으나 긴 가로변에 꽉 채워져 보이고 길고 지루하게 여겨진다. 더 강렬한 드라마틱한 요소와 적극적인 오픈 스페이스를 도입하여 비워진 도시공간을 제공하는 것도 공공건축의 의무라는 생각이다.

섬유박물관 LOBBY topLIGHT

일반 공공시설이 특정 시설기능의 건축은 현실성과 정체성을 모호하게도 할 수가 있다. 생산과 마케팅이 통합된 섬유패션센터로서의 중심기능, 세계를 향한 글로벌 비즈니스 메카로서의 미래적 기능들이 가시적으로 표출되기에는 앞으로 많은 시간과 콘텐츠가 집중되어야 할 것이다. 팔공산을 오가면서 DTC섬유박물관을 한 번쯤은 찾아보는 것도 시민들의 의무일 것이다.

우리의 선조들은 빼어난 자연경관의 장소에 누樓와 정亭을 세웠다.
누樓가 공공적인 기능을 갖는데 비해서 정亭은 경치 좋은 곳에 마루와 작은방을 곁들인 공간이다
손님을 접대하고, 학문을 토론하며, 시를 짓고, 글을 쓰고, 노래를 읊는 선비문화의 산물이었다.
한량들의 풍류와 시, 서, 화를 창작하는 아틀리에 공간이요,
무위자연의 정신수양, 교류의 도량이기도 하였다

# 3

# 건축,
# 길을 열다

　스타디움 건축은 그 나라의 독창적 이미지와 브랜드로서 세계에 알려지는 기회이다. 건축 작품으로서의 독창성과 함께 시대적 기술 문명, 그 국가의 문화적 이미지까지도 표출하게 되는 것이다. 세계적 경기가 열릴 때마다 신기록과 함께 스포츠 스타가 등극한다. 신기록과 스포츠 스타처럼 화려하지는 않지만 새로운 건축물과 스타건축가가 탄생하기도 한다.

　　스타디움은 고대 그리스시대 투기장으로부터 출발하였다. 1896년 제
1회 그리스 아테네 올림픽 경기장은 고대 경기장의 말발굽 모양이었다.
동양에서 최초로 개최한 1964년 일본 도쿄올림픽에서는 건축가 '단게
겐죠'가 세상에 알려지게 되었다. 요요기 실내경기장은 일본적 정서, 동
양적 건축미를 서양에 알리는 계기가 되었다. 1972년 뮌헨 올림픽 스타
디움은 프리훼브 텐트 구조물로 천장을 덮는 건축이 등장한다. '프라이
오토' 설계의 '포스트 앤 텐션' 건축공학이 등장하며 하이테크 건축의
출발을 알린다.

2016. 4 대구벌판 5층미의 자리. 대구스타디움을 본다.

    1988년 서울올림픽의 잠실스타디움은 전통 항아리와 처마의 곡선으로 한국적 이미지를 나타내는 고 김수근 선생이 설계한 건축이다. 2008 베이징올림픽 스타디움은 새둥지 나오차오巢集를 건축 이미지화하고, 수영장 수이리팡水立房, 워터큐브은 물방울 콘셉트의 공기를 채운 비닐막 건축이 등장했다. 2002년 한일월드컵 상암 경기장은 소반 위에 방패연 지붕을 가볍게 올린 전통 한국적 이미지이다. 월드컵 당시 8개 도시에 월드컵 경기장이 세워졌고, 대구는 그 경기장에서 '2003 하계유니버시아드대회'와 '2011 세계육상경기대회'를 개최하여 메인 스타디움으로 부상하게 된 것이다.

현대 스타디움 건축의 질적 가치는 비바람과 햇빛으로부터의 보호를 위한 상부 지붕 구조물의 디자인이다. 그 진화과정은 기둥 없는 대형 구조물 구축을 위한 기술공학과 디자인이라 볼 수 있다. 따라서 천문학적 건설비용이 드는 전천후 자동 개폐식 돔 경기장 시대에까지 온 것이다.

그것은 상시 경기가 일어나고 입장 수입으로 운영되는 프로경기장에서만 가능한 일이다. 지붕 구조물은 음향과 조명을 위한 인프라 시설이다. 경기장의 선수들에게는 빛, 바람, 강우 등의 환경에서 기록을 결정짓는 조건이 되는 것이며 객석의 관람자들에게는 시각적, 공간적 아름다움을 주는 디자인 요소이다. 무엇보다 중요한 것은 대형 구조물로써의 스타디움 건축은, 합리적 기술 공법에 기초한 디자인이 곧 도시의 미학으로 탄생하는 것이다.

대구 스타디움은 6만6천400명을 수용하는 객석과 9레인 트랙과 필드를 수용하는 1등급 경기장이다. 하부 객석의 콘크리트 구조물과 그 객석을 덮고 있는 상부 철골, 트러스 구조물, 디자인으로 이분화 되며, 구조적 해법을 조형적 디테일로 형상화·디자인화하고 있다.

스타디움의 생명은 최대한 짧은 시간의 입장과 퇴장이다. 따라서 혼란이 없는 단순, 편리, 안전한 동선계획이 원칙이다. 그리고 객석에서의 운동장에 대한 가시거리와 가시각도의 안정된 확보, 행사 시 경기장 지원 운영시설의 합리적 계획이 기본요건이다. 간혹 수십 년에 한 번 있을까 말까한 일회성의 대회 행사 이벤트를 위해서 과다한 시설투자, 유지비용에 대한 유용성이 논란되기도 한다.

다행히도 건립 10여 년 내에 3개의 빅 이벤트를 개최한 대구스타디움의 부가가치는 충분했다고 할 수 있다.

햇빛에 노출되는 축구장은 남북 축으로 배치되었다. 햇빛의 영향을 덜 받는 동서에 객석이 배치되었으며 지붕 트러스와 전광판, 성화대도 자연히 남북의 축에서 이루어졌다. 유니버시아드 도로 정면 입구에서부터 스타디움을 가로질러 남측 산세에 이르는 지붕의 강력한 곡선, 역동적 힘이 대구스타디움을 표현하는 디자인 주제다. 그 곡선 지붕을 지지하는 트라이앵글 기둥 역시 역동적인 힘을 표현하고 있다. 전면 광장의 7개 원통기둥은 매표소 기능을 갖고 있지만 큰 구조물의 규모에 상응하기 위한 요소이다.

경기장을 둘러싼 주변의 주차공간, 그 외각을 우회하는 순환도로를 따라 남측 도로의 높은 위치에 이르면 새로운 경관이 나타난다. 꽃이 개화한 듯, 지붕 포물선의 열린 사이로 경기장은 내부 속살을 드러낸다. 광활한 자연, 멀리 팔공산 자락이 배경이다. 더욱 요염한 자태도 있다.

동대구IC에서 수성IC로 진입하는 고속도로에서 스타디움 자태가 정면으로 나타난다. 역광으로 더욱 짙은 산을 배경으로 하얀 속옷을 드러내듯, 요염한 쌍곡선의 풍만함은 방문객의 시선을 들뜨게 하는, 도시의 초대장이다.

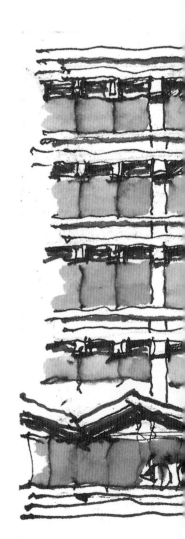

산격동에 위치한 구 경북도청은 1965년 대구의 건축가와 지역의 건축기술로 지어진 후기 근대건축에 속한다. 강점과 전쟁 등 역사의 소용돌이 속에서 보면 한국 건축사의 흐름과 맥락을 찾는 것은 결코 쉽지 않은 일이다. 이 땅의 근대건축은 우리의 손길보다 외국선교사, 일제강점, 미군정의 기술과 영향, 또한 그들에게서 배우고 경험한 기술자들과 몇몇 1세대 건축가들에 의해서 연명되었던 것이다. 그럼에도 불구하고 근대건축들은 우리의 귀중한 역사가 녹아있기에 중요한 건축유산일 수밖에 없다.

〈경북도청〉
주소 : 대구시 북구 산격동 1443-5
건립연도 : 1965년
규모 : 지하 1층, 지상 4층, 연면적 2만1천329㎡

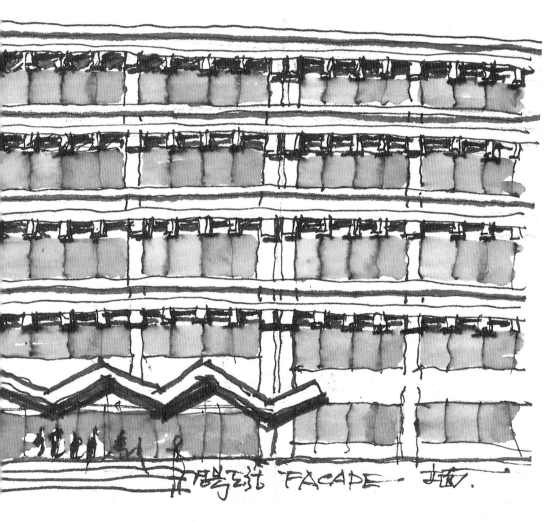

건축, 김을 열다

구 경북도청의 역사는 경상감영에서부터 시작된다. 지금의 도청과 같은 행정기능은 조선시대에는 지방 행정의 8도제 하에 경상도를 관할하던 경상감영慶尙監營이 담당했다. 조선 초기에 경주에 있던 감영은 상주, 팔거현, 달성군, 안동부 등을 거쳐 1601년(선조 34)에 최종적으로 대구에 정착했다. 일제에 의한 강제합병이 이뤄진 1910년 '경상북도 청사'로 개칭되며 56년간은 포정동(현 경상감영공원 부지)에 있었다.

신 경북도청사

1965년에 청사가 준공됐다. 1966년 4월 1일 경북도청은 포정동에서 지금의 산격동, 다시 2016년 3월에 경북 안동으로 이전했다. 건립 시기로 보면 서울 세종로 정부중앙청사보다 3년 빨리 건립됐다. 당시로선 '근대화의 상징'을 표방하던 첨단공공시설이었다. 전국에서 가장 넓은 면적을 지닌 경북도의 위상도 상당히 높았던 것으로 추측된다.

경북도청은 안동 새 청사로 이전했지만 현 청사는 근대 건축으로서 큰 가치와 장소적 의미를 지니기에 향후 장기적 활용계획이 중요하다.

구 경북도청은 배치의 기법과 입면의 형태에서 한국 전통적 분위기를 지니고 있다. 그 이유는 건립 당시의 시대적 영향이다.

일제침탈과 6·25동란의 폐허, 미군정의 외래기술, 5·16 이후의 자립 자주정신이 강조되면서 우리 고유의 것에 대한 갈망은 건축에서도 작용할 수밖에 없었다.

경북도청이 건립된 60년대는 3공화국 탄생 이후 국토재건, 경제부흥, 조국 근대화가 추진된 시기이다. 일제의 식민지교육 시대를 지나서 소수의 국내 건축교육을 받은 세대와 유학파 건축가들이 활동하던 시기였다. 정치적 공백과 격동기를 지나 건축법, 건축사제도 등 새로운 기틀이 만들어지고 있는 시기이기도 했다. 서구에서는 탈근대 건축의 시기로 레이트 모더니즘, 포스트모더니즘 건축이 태동하고 있었다.

경북도청 설계자 정경운(1922~2005)은 북한 출신으로 대구 현대건축의 1세대 건축가이다. 한강 이남에서 최초로 건축과가 개설된 청구대학의 교수로 출발, 영남대학교에서 정년퇴임했다. 건축 작품으로는 영남대학 마스터플랜 및 중앙도서관 타워, 영남이공대학 도서관(옛 대구대학 중앙도서관)과 제일모직 대구공장, 중앙로 옛 대구은행 본점, 옛 국세청 건물(현 노보텔 자리) 등의 여러 작품을 남겼다. 그가 설계한 건축물들은 일부 캠퍼스 건축 이외는 철거됐거나 개조돼 원형이 남아있는 경우가 드물어 아쉬움을 남긴다.

지금의 대구 도시 구조는 동과 서를 연결하는 달구벌대로가 도시의 중심축이다. 하지만 당시에는 대구 도심의 남과 북을 연결하는 중앙대로가 중심축이었다. 그래서 청사의 위치 선정과 배치를 신천을 건너 그 정점에 두었던 것이다. 부지는 번화가인 도심의 중앙로에서 도청교로 연결되는 축 선상에서 가장 높은 위치에 있는 동산의 지형을 갖추고 있다.

지금처럼 대구 도시계획의 청사진이 그려지지 않았을 시기에는 동성로, 서성로, 남성로, 북성로의 성곽 도시 스케일을 벗어나서 새로운 관공서 터를 찾는 일은 상당히 어려운 과제였다고 한다. 또 당시 부지선정을 할 때 풍수지리학적 의미를 중요시했다고 한다. 도청사가 들어서기 전까지 이 일대는 잡풀과 수목으로 우거진 공동묘지 터였다. 이처럼 버려진 땅에 도청사가 자리 잡게 된 것은 육관도사로 잘 알려진 손석우 선생의 강력한 추천이 있었다는 말도 전해진다.

도시적 스케일로 보면 앞산(안산)을 바라보고, 멀리 팔공산(배산)을 등지고, 신천(임수) 물길을 안고 있으면서 도시 전체를 내려다보는 지형이다. 최근 안동으로 이전하기 전까지만 해도 도청사 주변으로는 도교육청, 의회, 경찰청, 소방본부, 선관위, 환경연구원 등의 관공서 공공시설들이 자리해 50여 년 동안 지리적, 기능적 상황과 잘 부합되는 관공서의 입지를 보여주었다. 오랜 세월 한 장소에서 변화하는 기능성을 탄력적으로 수용할 수 있었던 것도 청사의 탁월한 위치 선정에서 비롯됐다고도 볼 수가 있다.

정문에 들어서서 직선도로가 아닌 자연 지세를 따라서 여유롭게 돌아 오르다 보면 청사 앞마당과 가로로 긴 5층 건물을 만나게 된다. 관공서 건축에서 흔히 볼 수 있는 정문, 광장, 건물의 수직적 자리배치와 건물 을 바로 맞닥뜨리게 되는 정면성의 경직된 모습이 아니다.

이 청사를 짓던 60년대는 언덕과 나무를 밀어붙이고 광장과 공공건물의 위압을 과시하던 개발의 시대였다.

직선도로 축에서 벗어나 산사에 오르듯 어슷하게 진입하는 자연 순응적 배치를 관공서 건축에 실천한 예는 드문 경우다. 한국의 전통적 정서에 유연하게 자리한 건축적 배치는 도청사 건축의 오랜 수명과 철거하지 않고 보존해야하는 이유다.

구 경북도청사의 건축적 특성은 우리나라 전통건축의 미적 요소를 콘크리트 건축으로 은유적으로 표현한 것이다. 정면을 구성하고 있는 조형적 요소는 수평적 처마와 음영의 실루엣으로 강조되고 있는 촘촘한 서까래의 돌출 디자인이다. 그 서까래 형태의 실루엣과 처마의 깊이를 표현하기 위한 장치가 발코니의 돌출이다. 발코니는 5층 건물의 안정된 수평적 요소를 강조하고 있다.

이런 건축 구법構法은 1920년대 이후 서구에서 시작된 콘크리트 공법이 국내에 도입되면서 조적식 건축구법에서 콘크리트 라멘공법이 보편화되었기 때문이다.

그 당시는 대부분의 공공건축물이 목조 슬레이트 구조에서 벗어나 철근콘크리트 공법이 보급되어 대규모 구조적 건축이 가능해진 시기였다. 후일 1991년 증축이 있었다.

건물은 주위 자연 환경과 조화를 이루면서 정면 대칭구조로 세워졌고, 중앙현관·계단·현관캐노피 등 시설에는 콘크리트의 본성을 나타내는 다양한 근대 건축기법이 도입됐다.

건축비평가들은 일본의 대표적 건축가 단게 겐조가 설계한 가가와현 청사(1956~1958)와 입면 디자인의 유사성을 지적하기도 한다. 근대의 건축 교육과 정보기술 습득의 대부분은 일본을 통할 수밖에 없었던 것이 사실이다. 그래서 당시에는 일본식 이미지와 디자인 표절 등의 논란이 종종 발생했다.

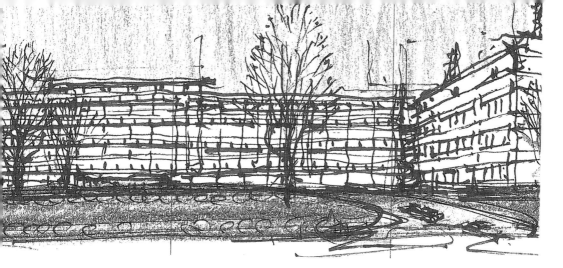

경북도 명옥정 ─ 그랭그청 ─ 그랭정 영청정이 나선히 배치한다.
준비.1965년 ~ 그랭그청시장 안동여순지역을 따고

과거의 건축은 문화의 콘텐츠다. 국내에서 옛 도청사를 건축 재생한 경우는 광주의 전남
도청사가 있다. 국비 5조 8천억 원이 투입되어 '국립 아시아문화의 전당'으로 재탄생되었
다. 1932년 지어져 6·25전쟁 때 임시 중앙청이었던 대전 충남도청사는 '대전근현대사진전
시관'과 '대전시민대학'으로 활용되고 있으며 영화 〈변호인〉 촬영장소로도 알려져 있다.

경북도청의 안동 이전으로 현 도청사 부지는 후적지 개발에 대한 논의가 활발히 진행 중
이다. 후적지에 어떠한 새 기능 공간이 조성되더라도 기존 건축의 본질과 원형의 틀을 훼손
하지 않고 잘 유지하면서 새로운 미래의 공간으로 재창조되어야 할 것이다.

대구의 건축, 문화가 되다

시애틀에 있는 빌게이츠의 집은 대문에서 현관까지 무려 40분을 걸어야 할 정도의 대저택이라 한다. 그 큰 집에는 없는 것이 없겠지만 정작 부러운 것은, 읽고 싶은 책을 다 갖추어 놓고 아무 때나 책을 읽을 수 있는 크고 작은 도서실과 마음대로 감상할 수 있는 영화관이 있다는 점이다. 빌게이츠는 "오늘의 나를 만든 것은 어머니도 아니요, 학교와 선생님도 아니었다. 어릴 적 동네의 작은 도서관이었다."고 했다. 명문 대학까지도 스스로 포기한 그에게 학교는 도서관이요 책은 스승이었던 셈이다.

건축, 길을 잃다

옹벽도서관 어린이 열람실

　수 년 전 '느낌표, 기적의 도서관'이라는 TV 프로그램이 있었다. 좋은 책을 선정하여 국민들에게 읽게 하고 책 판매 수익으로 지방의 도시에 작은 도서관을 건립하는 취지의 프로그램이었다. 책과 도서관의 중요성을 일깨우는 방송이었다. 지금 그 프로그램은 사라졌지만 '기적의 도서관'은 지방 도시에 9개가 세워져서 운영되고 있다. 그 프로그램이 오래 지속이 되었다면 전국 방방곡곡에 작은 도서관들이 계속 세워졌을 것이고, 우리나라는 세계에서 가장 많은 도서관을 보유하는 '기적의 나라'가 되었을 것이다. 꿈나무들이 그 도서관에서 미래 제2, 제3의 빌게이츠 꿈을 키우고 있을지도 모를 일이다.

　'기적의 도서관'은 탄생에서부터 기존 관념의 틀을 깨 트린 건축이었다. 상상력을 유발하는 건축 조형성, 새로 움의 공간, 실내 개울을 만들어서 발을 담그고, 편히 누워 서 뒹굴며 책을 읽을 수도 있게 설계하였다. 정형화된 도 서관의 형태를 벗어나 책을 편하게, 가까이 할 수 있는 자 유로운 공간을 만든 것이다.

　수성구립 용학도서관은 2010년 9월에 문을 열었다. 범 물동의 끝자락, 관제 삼거리에서 지산삼거리로 차를 지나 다 보면 완충녹지와 아파트 단지 사이에 그다지 크지 않 은 5층 건물이 나타난다. 도서관이라기보다는 새로 지은 사무실 건물처럼 보인다. 일률적 형태, 아파트 단지 속에서 새롭고도 경쾌하게 등장한 현대 조형 적 건축이다. 밝은 색상의 알루미늄 패널 외부 재료, 불규칙적 패턴의 입면성은 주변의 우중 충함을 벗어나 새로움과 신선함을 제공한다. 주변 아파트 지역의 인구밀도, 인근 학교(범일중, 범물초 교), 그리고 숲이 울창한 작은 공원(용지 어린이공원)과 함께 하고 있어 동네 도서관으로서의 바람직한 환경이라 생각된다. 앞으로의 도서관은 지역 단위에까지 만들어져 서 쉽게 걸어서 갈 수 있는 동네의 근린 편의시설쯤으로 여겨져야 할 것이다.

건축, 길을 열다

도서관이 들어선 근린공원 부지형태는 기하학적 삼각형으로 2면의 도로와 근린공원에 면하고 있다. 남쪽 마당을 남겨두고 북측 모서리에 맞추어 건물을 배치하다보니 가오리형의 삼각배치 평면이 되었다. 도서관의 무거운 정형을 벗어나기 위한 가벼운 해학처럼 보인다. 입면 디자인은 수직적 요소를 강조하며, 상부의 날카로운 삼각 지붕이 디자인 포인트이다. 건물의 랜드마크화, 인지성, 개성을 강조하는 요소로 작용한다. 그 지붕 아래는 작은 휴게정원이 있다. 학교 측 도로 쪽으로는 게이트형 벽을 내세우며 도서관마당의 영역성, 건축의 수평적 확장을 표현하고 학교건물과는 친화적인 조형으로 나타난다.

공원을 향한 남측 마당에서 주출입구에 들어서면 오른편에 안내 데스크, 왼편으로 전시홀, 중앙 내부에 계단 엘리베이터가 위치하고 있다. 주요 공간, 복도, 계단, 화장실까지 현대적 재료와 감각으로 디자인이 되어서 밝고 경쾌한 도서관 이미지를 주고 있다.

지하 1층 (882.80m²) 시청각실, 보존서고,
　　1층 (709.56m²) 로비, 안내데스크, 전시실, 사무실
　　2층 (822.30m²) 어린이자료실, 어린이영어자료실, 유아자료실,
　　　　　　　　　　어린이디지털자료실
　　3층 (838.05m²) 종합자료실, 디지털자료실
　　4층 (809.87m²) 디지털 강의실, 문화강의실, 멀티플렉스관, 노트북실
　　5층 (453.32m²) 일반열람실, 책마루

4

도시의 인문학
범어도서관

대구의 건축, 문화가 되다

　문화적 혜택을 직접적으로 누리길 바란다면 당장 도서관으로 달려갈 일이다. 신간도서는 물론이요 열람실, 컴퓨터, 영화상영, 문화강의, 문화답사까지 문화적 혜택을 가까이에서 누릴 수가 있다. 다행스럽게도 우리 대구에도 눈에 띄게 공공 도서관의 수가 늘고 있다. 시립, 구립의 도서관에서 이제는 동 단위 이름이 붙는 도서관들도 생겨나고 있다.

의 그 큰 저택에는 도대체 무슨 방 어떤 기능들이 배치되어 있을까 궁금했다.
즈 저택에는 영화감상실과 도서실이 곳곳에 배치되어 있어서 방문한 손님들도 마음대로 영화를
 읽을 수 있다고 한다. 상상력과 아이디어를 위한 문화적 저택인 셈이다. '나를 키운 것은 부모
다도 어릴 적 동네의 작은 도서관'이었다고 했다. 지금의 아이들은 후일 '지금의 나를 키운 것
의 휴대폰이었다' 라고 말할지 모르겠다.

2013년 7월 개관한 '수성구립 범어도서관'은 대지면적 6천138㎡, 연면적 6천904㎡에 지하 1층, 지상 5층 규모의 건축물이다.

기원전 3세기에 전설처럼 존재했던 알렉산드리아 도서관을 다시 세우는 프로젝트가 2002년에 완성이 되었다. 5,000여 년 전 고대 인류 최초의 도서관을 과학문명인 21세기에 복원한다는 것은 '지식의 보고로서의 도서관' 그 영원성을 상징하는 것이다. 도서관은 헬레니즘문명을 일깨웠으며 유럽 대학 설립의 효시가 되었다. 도서관 기능의 명칭이 없었기에 입구 벽면에는 '영혼의 안식처'라 새겨져 있었다 한다. 고금을 통하여서 대학시설의 중심과 캠퍼스의 상징은 도서관이었고 지식의 사이버 시대에도 대학 도서관 장서 규모는 대학 전통과 권위의 척도로 여기는 것이다.

수성구청 건너에 위치한 도서관은 공공건축으로의 여러 가지 특성을 지니고 있다.

첫째는 입지성이다. 달구벌 대로변은 도심의 행정과 상업 중심지이다. 이곳에 품격 있는 공공도서관이 세워진 점에 대해서는 문화도시로서의 수준을 한 단계 높였다고 하겠다.

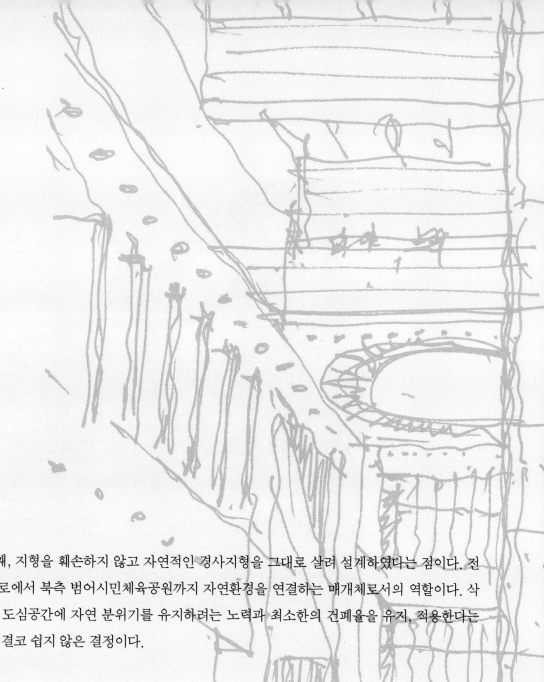

둘째, 지형을 훼손하지 않고 자연적인 경사지형을 그대로 살려 설계하였다는 점이다. 전면대로에서 북측 범어시민체육공원까지 자연환경을 연결하는 매개체로서의 역할이다. 삭막한 도심공간에 자연 분위기를 유지하려는 노력과 최소한의 건폐율을 유지, 적용한다는 것은 결코 쉽지 않은 결정이다.

범어도서관

셋째, 현대 건축 이미지의 표현이다. 진취적 이미지의 조형성과 내부 마당공간의 도입은 범어도서관 건축 콘셉트를 나타내고 있다. 도시 스케일의 정면성, 인지성, 연속성을 위하여 부지를 둘러싸는 첨단재료 U-glass 유리벽을 설치하였다. 건물을 위한 공간이라기보다 공간을 위한 건축을 시도하였다. 그 내부의 공간은 안온하고 정적인 내부 정원을 조성하여 도시의 완충공간이자 도서관 건축만이 가능할 수 있는 정적 공간이다. 도로에 직교 배치한 건물과 함께 U-glass 유리벽, 내부 완충공간은 도시의 소음을 마주치지 않게 한다.

지상의 층마다 경사지형의 각 레벨로 연결되는 출입구가 있어 처음에는 잠시 방향감각을 잃기도 한다. 그것은 단순한 기능의 수직의 박스건물에만 익숙해 왔기 때문이다.

시민들은 질문을 한다. 조형물 몇 개만 있는 넓은 마당공간은 낭비가 아닌가요? 큰 도서관에 학생들이 공부할 수 있는 열람실이 왜 없나요? 손님이 별로 없는 국제자료실은 왜 필요한가요?

수성구에는 큰 도서관이 3개, 작은 도서관이 6개 있다. 이제부터는 익숙해져 왔던 관행적 도서관이 아니라, 새로 지은 규모 큰 도서관보다는, 미래의 공공도서관으로서의 새로운 기능과 공간을 범어도서관이 해낼 것이다.

　'성리학의 도가 동쪽으로 옮겨왔다'는 뜻을 담고 있는 도동서원은 병산서원, 도산서원, 옥산서원, 소수서원과 함께 5대 서원으로 꼽힌다. 도동서원은 조선의 성리학자로 한훤당寒暄堂 김굉필(1454~1504) 선생을 모시는 서원이다. 전국에 흩어져 있던 수많은 서원은 1865년 대원군 때 서원 철폐령으로 정리됐는데 도동서원은 그때 헐리지 않고 남은 47개 서원 중에 한 곳이다.

**141**

도동서원은 1607년(선조 40)에 왕이 직접 쓴 '도동서원道東書院' 현판을 하사받아 사액서원이 되었다. 1568년 비슬산에 세워졌다가 1605년에 도동으로 옮겨왔다. 1964년 전면 보수하였으며, 경내의 건물로는 사당祠堂·중정당中正堂·거인재居仁齋·거의재居義齋·수월루水月樓·환주문喚主門·내삼문內三門·장판각藏板閣·고직사庫直舍 등이 있다.

도동서원은 성리학의 세계관을 건축으로 잘 표현하고 있는 서원건축이다.

도동서원에서도 중심건축은 중정당中正堂이다. 중정당의 기단에는 크기와 모양이 제각각인 돌들을 조각보 마냥 끼워 맞춘 한국건축의 독창적 아름다움을 발견할 수가 있다. 기단에 튀어나온 용머리 조각상 4개는 낙동강이 범람하지 않도록 물의 신, 즉 용을 형상화하였다. 강당 마루 벽에 걸려있는 다양한 현판들에서 도동서원의 학문적 깊이를 느낄 수가 있다.

건축, 김을엽다

경사지 위에 층층이 쌓은 아름다운 흙 담장은 보물350호로 지정되었다. 담장은 강당(중정당), 사당과 함께 도동서원강당사당부장원道東書院講堂祠堂附墻垣으로 일컬으며 도동서원 자체는 2007년 10월 10일 사적 제488호로 지정되었다.

중정당의 뒤뜰에서 쏟아져 들어오는 햇빛을 통해 알 수 있듯, 서원이 북향으로 배치되었다는 것은 한국의 서원건축에서 아주 특별하다. 배산임수라는 지형적 특이성에 따라서 북쪽의 안산과 낙동강을 바라보고자 남향을 등지고 있는 것이다. 방문객들은 특이한 건축양식을 알아차리지 못하고 흔히들 남향인양 착각하고 잠시 그림자 방향감각을 잊어버리게 된다. 예와 도를 숭상하듯 풍수지리를 원칙처럼 지켜왔던 선인들께서 향向을 저버리는 호방한 기질도 느껴진다.

수월루 앞뜰에는 수령400년, 높이25m, 둘레 879cm에 달하는 은행나무가 세월을 지켜보고 있다.

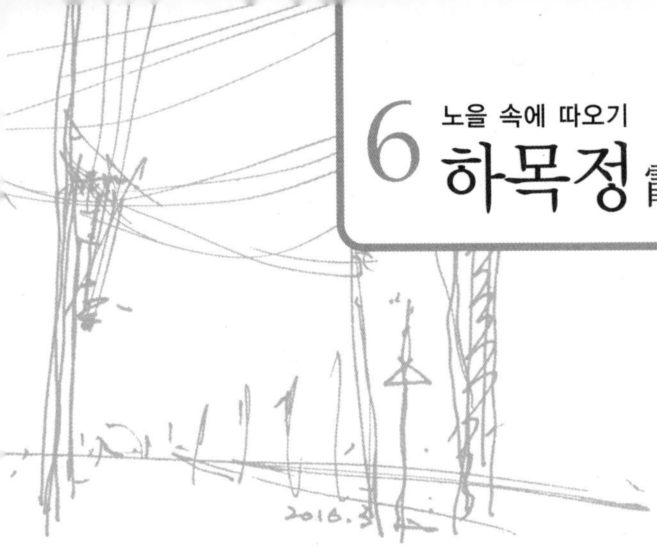

# 6 노을 속에 따오기
# 하목정 霞鶩亭

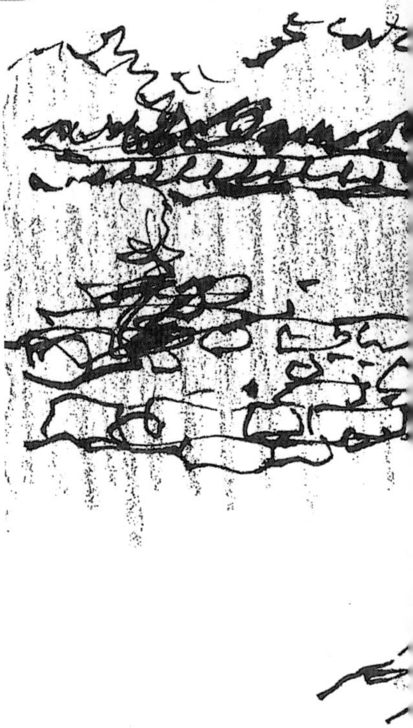

한여름이면 어린 시절 외갓집 대청마루가 그립다. 뒷산 매미소리를 들으며 시원한 마루에 드러누워서 책을 읽다가 스르르 낮잠에 빠져들었다. 여름밤이면 마당에 모깃불을 피워놓고 평상에서 수박, 참외, 옥수수를 먹으며 도란도란 할머니 이야기 듣던 아련한 유년의 기억을 떠올려 본다.

달성 하목정 . 한상대.

대청마루는 집의 내부와 외부를 연결하는 매개媒介공간이며 다기능적 무위撫慰 공간이다. 도시 아파트의 거실은 닫힌 공간이지만 한옥의 대청마루는 열려있는 무한공간이다. 외부 자연의 비바람에 노출되고 대기大氣와 함께 호흡한다. 동구 밖 무논 개구리 소리는 자연의 입체음향, 반딧불이의 숨바꼭질, 소나기가 지나간 먼 산의 운무, 처마의 낙숫물 소리…

성주 방향 국도를 달리다가 낙동강 성주
대교에 못 미쳐서 마을 초입 아랫길에 '달
성 하목정' 안내판을 만나게 된다.

하목정霞鶩亭은 임진왜란 때의 의병장 낙포 이종문
이 조선 선조 37년(1604)에 세운 정자이다. 인조가
왕위에 오르기 전에 이곳에서 잠깐 머물렀고, '하목
정' 이름은 훗날 이종문의 아들에게 인조가 직접 써
준 사액현판으로 원본은 별도 보관 중이라 한다. 하
목정은 가문의 사랑채에 해당한다. 배롱나무가 있
는 뒤뜰의 조용한 계단을 통해서는 사당에 이르고,
서쪽 담으로 난 문을 나서면 드넓게 흐르는 낙동강
을 만난다.

하목정이라는 이름에는 아름다운 운치가 들어 있
다. 하목은 당唐나라의 왕발이 쓴 등왕각서滕王閣序
라는 글에 나오는 구절로 '지는 노을이 외로운 따오
기와 더불어 날고 있고…落霞 與孤鶩齊飛' 라는 구절에
서 유래하여 '노을 속에 따오기'라는 뜻이다.

우리의 선조들은 빼어난 자연경관의 장소에 누樓와 정亭을 세웠다. 누樓가 공공적인 기능을 갖는데 비해서 정亭은 경치 좋은 곳에 마루와 작은방을 곁들인 공간이다. 손님을 접대하고, 학문을 토론하며, 시를 짓고, 글을 쓰고, 노래를 읊는 선비문화의 산물이었다.

한량들의 풍류와 시, 서, 화를 창작하는 아틀리에 공간이요, 무위자연의 정신수양, 교류의 도량이기도 하였다.

하목정은 3칸의 대청마루와 1칸의 작은방 2칸과 마루방 1칸으로 구성되는 '丁'자 형의 특이한 평면 형태이다. 서까래 대들보의 구축은 전통적 방식에서 일탈한 진보적 추상적 형식을 보여주고 있어 마루의 운치가 별다른 느낌이다.

화엄사 극전 □ 표♪

오랜 시간동안 그 자리에 있어왔듯 방부제를 처리한 나무판자를 입힌,
마치 적산(敵産)집을 연상시킨다.
투박한 침목 계단을 오르면 장독대가 군데군데 놓인 자그마한 잔디마당이다.
ㄱ자형 건물은 마당을 감싸 안고 달랑달랑 처마 끝 한가로운 풍경이 눈길을 끈다.
도시 한가운데에서의 여유와 한적함이다.

# 4

# 건축,
# 삶을 꽃피우다

그래도 강은 흐른다

# 강정고령보

4대강 개발로 강이 달라졌다. 길이 달라지고 주변 문화가 달라졌다. 과거의 강정, 낙동강변의 습지, 상수원취수장, 강창교 아래 매운탕 동네가 더욱 그렇다. 주말이든 평일이든 바람을 가르는 자전거들이 줄을 이어 달리고, 날이 어두워지면 현란한 조명으로 주변은 환상의 밤이 된다.

건축, 삶을 풍피우다

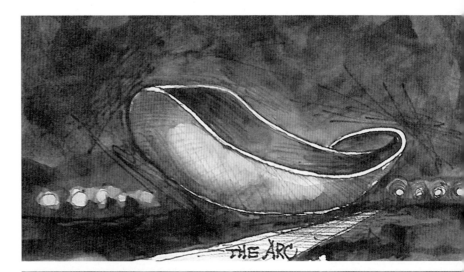

바람을 가르다.

낙동강과 금호강이 합류하는 지점의 강정고령보江亭高靈洑는 4대강 16 개보 중에서도 '동양 최대의 수문'이라고 불릴 정도로 규모가 가장 크다. 강정고령보는 대구광역시 달성군 다사읍과 경상북도 고령군 나산면의 경계에 위치하여 명칭도 두 지역 이름의 합성이다.

2016' 경칩 대우럭대 때울개

　강정고령보는 고령의 대가야 문화와 대구 첨단과학을 패션 디자인 콘셉트로 설계되었다. 주변에는 물관리 센터 건물, 물 문화관 디아크(The ARC)가 있다. 특히 디아크는 바라보는 위치와 조명 빛에 따라서 카멜레온처럼 변신한다. 건축가 '하니 라쉬드'의 설계 작품으로 물고기가 물 위로 뛰어오르는 순간처럼, 물수제비가 물 표면에 닿는 순간의 파장같이 경쾌한 조형미와 예술성을 갖춘 현대적 건축이다. 건물면적 3천761m²에 지하 1층, 지상 3층 규모로 낙동강을 찾는 관람객들을 위한 복합문화공간이다.

지금도 여전히 4대강 개발에 대한 찬반의 논란이 있다. 그래도 강은 흐른다! 시원한 바람길 물길을 따라서 폭염에 뜨거워진 몸과 마음 식히러 나서보자. 고령강정보로…

# 동대구역 플랫폼

여행을 나선다.

2004년 4월 고속철도(KTX)가 개통되고부터 여행의 속도는 무척 빨라졌다. 동대구역 대합실 홀은 밝고 넓고 활기차다. 카페, 식당, 명품점, 서점이 있어 작은 쇼핑몰 기능을 갖춘 듯하고, 스마트 폰으로 예약한 승차권은 VIP 프리패스로 예우하는 것 같아 편리하다. 펀칭기를 들고 개찰구를 지키던 제복 승무원의 기억은 아득한 근대 유산이 되었다. 가요에서 기차역은 이별을 노래한다. 지금은 마음 설레는 경쾌한 여행의 출발점이다.

SKETCH by 대야 SANG
DAE

동대구역 승강장

　우리나라 최초의 철도는 1899년 인천역과 노량진역 구간의 경인 철도
이다. 철도 역사驛舍는 1900년에 세운 인천역사를 시작으로 1910년에는
부산역사, 1912년에는 신의주역사가 완공되었다.

　지금도 문화관으로 보존되고 있는 서울(경성) 역사는 원래 목조 가건물이었으나 일본인 쓰카모토 야스시塚本靖의 설계로 1925년 9월에 완공되었다. 건물양식은 르네상스식과 비잔틴풍의 절충주의 양식으로 18세기 서양에서 유행했던 양식을 모방했다. 건축사적으로는 우리나라에서 현존하는 가장 오래된 철도역사라는 점에서 건축사적 의의가 크다.

　대구역大邱驛은 북구 칠성동 지금의 롯데백화점 민자역사(2003년)로 변하였다. 과거 중앙로, 교동시장, 달성네거리, 시민회관이 인접하는 대구의 관문이었다. 동대구역은 1969년에 완공되어 지금은 KTX가 정차하는 대구의 대표역이다. 바로 인근 '신세계 동대구 복합환승센터' 가 2014년에 착공하여 2016년 12월 완공되었다. 동대구역사는 환승센터 건물과 200미터 스카이브릿지로 연결이 된다.

　자본논리에 따라 전국의 역사들은 유통기업의 민자역사로 건립되고 있다. 과거 건물의 모습과 역 광장은 사라졌고 역주변의 풍경이나 도시의 정체성은 없어지고 말았다. 파리의 오르세미술관은 역사驛舍의 기능을 상실하며 철거의 대상이었으나 다시 개조하여 세계적 미술관으로 재탄생시킨 경우이다.

건축, 삶을 꽃피우다

행선지 승강장 번호에 따라서 미리 아래층 승강장으로 내려온다. 플랫폼은 콘크리트의 육중한 음영에 묻혀 있다. 열차가 잠시 머물고 떠나는 플랫폼은 정거장이다. 인생행로처럼 잠시 머물다 가는, 그리고 바로 떠나가야 한다. 열차를 기다리는 사람들은 잠시의 시간도 아까운 듯 휴대폰에 고개를 파묻고 바깥세상과의 소통에 열중하고 있다.

플랫폼 언저리에 서서 세상을 바라본다. 빛과 그림자에 대비되는 눈부신 도시 실루엣을 바라본다. 저 멀리 끝없는 세상으로 이어지는 레일의 소실점은 여름 태양에 가물가물 끝이 보이지 않는다.

빠져나간 자리에는 빗물 고이듯 다시 사람들로 채워진다. 다시 경적을 울리며 열차가 들어오고 사람들이 쏟아져 나오고 사람들은 떠나갔다. 사람들은 떠나가고 열차가 떠나가도 플랫폼 무거운 그림자는 도시의 실루엣을 길게 드리우고 컴컴한 여름을 지키고 있다.

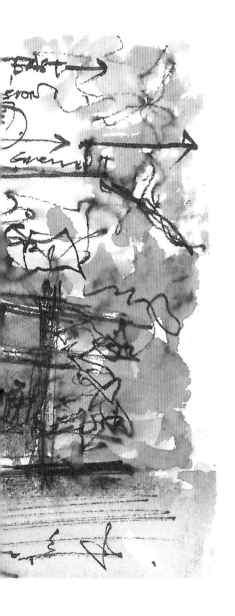

서울 성북동 '간송미술관'은 국민들에게는 특별한 미술관으로 잘 알려져 있다.

일제 강점기에 간송 전형필 선생이 사재를 털어 국보급 미술품들을 지켜온 유명한 일화들과 가치있는 고미술품을 소장하고 있는 최초의 사설미술관이다. 그리고 간송 선생의 뜻을 이어서 전통미술 정신과 이론을 연구해온 사숙私塾이기도 하다. 소장 작품들은 DDP(동대문디자인플라자) 개관기념 전시로 6부로 나누어서 3년 동안 전시할 만큼 소장품이 방대하다, 지난해 7월에는 대구에 간송미술관 분관 건립이 발표되었고 구체적 실행단계에 왔다.

2016년 10월 10일 대구 이천동 주택가 골목길 안에서 학강미술관學岡
美術館이 개관되었다.

고미술품을 수집하고 소장해온 한국화가 김진혁 관장은 40년을 살아
온 주택을 미술관으로 탈바꿈하였다. 지금까지 수집해온 2천여 점의 고
서화 도자기 등과 추사현판 탁본, 석재 서병오 선생 작품 등을 중심으로
전시한다. 앞으로 봄가을 두 차례 2주간 정기적으로 공개 전시를 하며
다음 전시는 조선 중 후기 서화작품을 중심으로 기획할 예정이다. 2017
년에는 제주 함덕에 현대미술관 '학강아트하우스'를 개관할 예정이다.

개관 포스터의 타이틀 '마치다 - 추사와 석재를 품다'에서 말하듯, 학
강미술관은 미술관 건축의 근본을 중시하고 있다. 작은 미술관은 1920
년대 일제강점기 일본인 거상 '마치다'가 지은 적산가옥 별장으로 100
여년이 되어가는 중요한 근대건축 유산이다. 진입로는 아파트 빌라 주
택이 있는 좁고 가파른 언덕배기 길이며 마태산의 흔적이 없는 꼭대기
에 앉은 작은 주택이다. 해방이후 1946에는 '봄나들이' 동요작곡가 권
태호의 '대구음악원'으로 사용되었고 1977년 김 관장의 부친께서 소유
하여 현재에 이르렀다. 물론 적산가옥의 원형은 변형되었겠지만 마치
다 주택은 대구의 근대건축으로 보존의 가치가 있는 것이다.

서쪽 길에서 대문을 들어서면 집의 뒤쪽이 현관이다. 동쪽 안마당으로 시가지 원경을 바라보는 배치이며 과거의 산언저리의 울창한 나무들은 그대로이다. 아파트, 연립주택 등으로 주변 환경이 바뀌었지만 이 자리와 불편한 옛 주택을 그대로 지켜왔음은 존경스런 일이다.

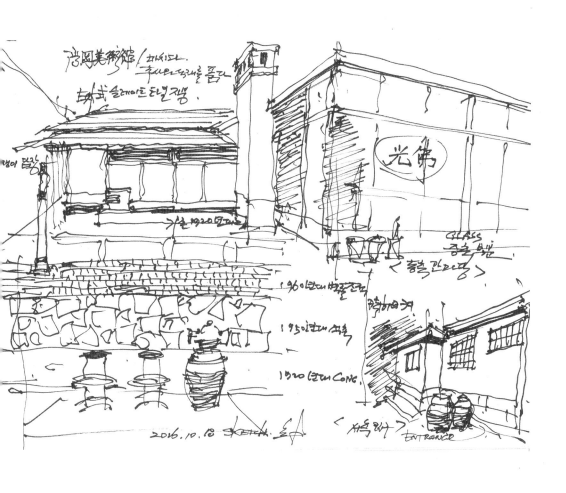

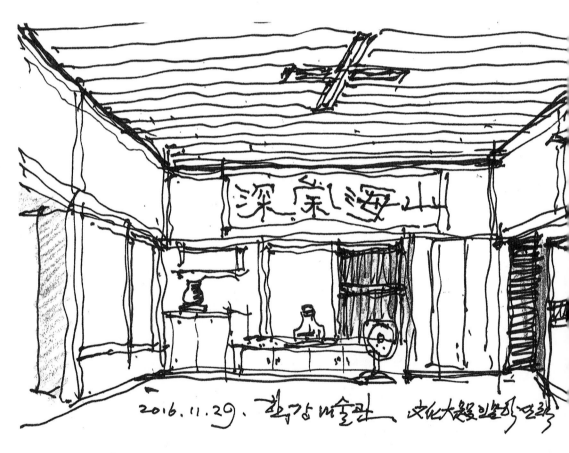

2016. 11. 29. 황강미술관　文化大殿 의술히 보라

상류 일본식 집의 특징은 곳곳에 남아있다. 일본식 조각슬레이트 지붕, 홍송 마룻바닥, 벚나무 목재기둥, 창틀구조 등 오래된 것, 원형을 살리기에 노력한 흔적이 곳곳에 드러나 있다. 집주인은 고서화를 수집하고 보관해 왔듯, 오래된 집의 원형을 보존하고 장롱 등의 생활가구조차도 아껴온 것이다. 남측 마당에서 보이는 옆집 담벽 구조 단면에는 세월의 변화과정이 단층 겹겹이 쌓여있음을 볼 수가 있다.

대지면적 140여 평에 본채(40평)와 창고(5평)의 집이다. 당연히 편리한 생활 집으로의 개조 증축되었지만 거의 사라진 근대 적산가옥모습으로 가능한 복구가 되어 건축적 가치도 함께 전시될 수 있었다면 하고 생각해 본다. 이번 개관을 통해서 처음으로 공개하는 추사화첩의 희귀성과 함께 100여 년 세월의 적산가옥을 공개한다는 의미가 함께 있을 것이다.

# 선교사주택

대구의 근대건축들이 '대한민국 대표 관광명소 100선', '관광의 별' 등에 매년 선정되고 있다.

특히 '대구 근대로(路)의 여행' 테마는 전국적으로 각광받고 있는 관광 상품이다. 대구 근대 골목길에서 가장 낭만적이고 아름다운 자연경관을 가진 장소는 청라언덕이라 할 수 있다.

중구 달성로 56 (동산동) 계명대 동산의료원 경내인 이곳은 1910년경 세워진 미국인 선교사 주택 세 채가 있다. 선교사들이 설계한 이 주택들은 대구지역에 처음으로 서양식 주거양식과 생활상을 소개하는 중요한 근대건축 유산으로써 의미를 가진다. 이들 건물은 비교적 잘 보전되어서 현재는 박물관으로 사용되고 있다.

동산의료원은 전국에서 처음으로 담장을 허물며 담장 허물기 운동을 전국적으로 확산시키는 계기를 마련했다. 당시 담장을 허물면서 유서 깊은 병원의 정문과 중문 기둥 담장을 이곳에 옮겨 세웠고 선교 초창기에 개척한 교회의 오래된 종을 보존하여 현재 모습의 종탑으로 만들며 그 당시 모습과 삶의 모습을 생생히 재현하고도 있다.

선교사 주택이 있는 청라언덕에는 박태준 곡, 이은상 시 '동무생각' 노래비가 있는 스토리의 현장이다. 이곳은 '3·1만세 운동길', '계산성당', '이상화고택'으로 이어지는 근대문화골목의 출발점이기도 하다.

## 1) 스윗즈 주택

이 주택은 1893년 대구에 와서 선교 활동을 하던 미국인들이 대구에 기독교 선교사업이 정착되고 교육사업을 시작할 무렵, 옛 대구읍성 밖 서쪽에 있던 동산東山언덕에서 남쪽 부분에 지은 집이다. 마르타 스윗즈 여사(Miss Martha Swizer)를 비롯해 계성학교 5대 교장인 핸더슨, 계명 대학장인 켐벨 등의 초기 선교사들이 살았던 주택이다.

스윗즈 주택 평면구성은 현관으로 이어지는 베란다를 전면에 두고 현관홀을 통하여서 거실과 응접실을 각각 연결하였다. 거실을 중심으로 침실, 계단실, 욕실, 부엌, 식당 등의 배치는 서양 입식생활 방식을 보여주고 있다.

특이한 점은 서양식 주택에 한국식 양식을 가미한 서까래와 한식기와를 이은 박공지붕이다. 외벽은 안산암의 성돌(대구읍성을 철거한 돌)을 바른 층 쌓기한 기초 위에 붉은 벽돌을 쌓은 형식으로, 건축 문화재로 큰 의미가 있다. 베란다 등의 일부가 변형되었으나, 건물의 전체적인 형태와 내부구조는 지을 당시의 모습을 잘 간직하고 있어 대구의 초기 서양식 건물을 살펴볼 수 있는 중요한 자료다.

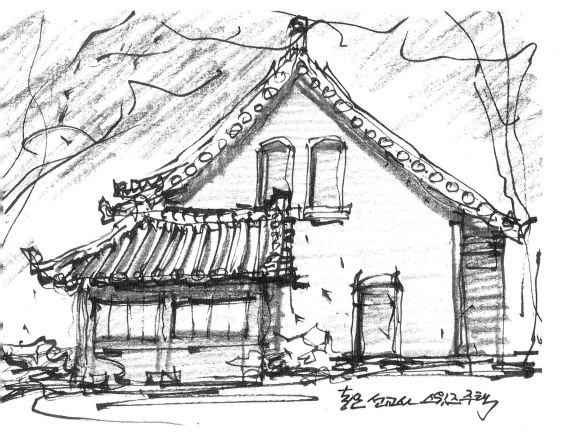

스윗즈 주택 북쪽 정원에는 대구 최초의 서양 사과나무 자손목이 자라고 있다. 1899년 동산병원 초대 원장인 존슨 선교사가 미국에서 3개 품종의 사과나무 72그루를 들여와 사택 뜰에 심어 키웠으며, 이중 미주리 품종만 자라 동산의료원 주변으로 보급한 것이 대구 사과나무의 효시로 알려져 있다. 이는 대구를 사과 주산지로 만든 계기가 됐다고 한다.

지금은 '선교박물관' 으로 개방되어 1층에는 개신교 회사에 관한 사진 자료와 선교 유물, 2층에는 구약과 신약의 세계에 대한 다양한 유물이 전시되어 있다.

## 2) 챔니스 주택

챔니스 주택은 1911년 계성학교 제2대 교장으로 취임한 R. O. Reiner 와 O. V. Chamnes, Sawtell 등의 선교사가 살았던 집이다. 1948년부터는 동산병원 의료원장인 H. F. Moffett의 주택으로 사용됐다. 건물의 양식은 당시 미국의 캘리포니아주 남부에서 유행한 방갈로 스타일로 지금까지 옛 모습을 잘 간직하고 있다.

2층으로 구성되어 있는 이 집은 남북으로 약간 긴 장방 형태를 이루고 있다. 1층은 서쪽 중앙에 있는 주 출입구에서 계단실이 있는 홀과 연결되고 이 홀을 중심으로 거실, 서재, 부엌, 식당 등이 배치되어 있다. 2층에는 계단실을 중심으로 남쪽과 서쪽에 각각 침실을 배치하였다.

충남선교사 챈디스 주택

외관은 서쪽 정면 중앙부에 목조로 된 현관 포치
(porch)를 두고, 동남쪽에는 목조 베란다가 있다. 스
윗즈 주택과 같이 안산암 성돌 기초 쌓기 위에 벽면
은 붉은 벽돌 쌓기를 하였다. 지붕은 박공지붕으로
네모난 석면슬레이트를 마름모꼴로 이었으며, 박공
의 동·서 지붕면에는 셰드(shed)지붕을 두어 채광창
을 내었다. 이 집 역시 미국인들의 건축·주거양식과
생활양식을 잘 보여주고 있다. 대구의 개신교 선교
사와 당시의 건축 상황을 한눈에 파악하게 하는 중
요한 건물이다.

지금도 모펫 병원장의 주거공간이 그대
로 전시되어 있어 당시 선교사들의 생활
상을 엿볼 수 있다. 1900년대 전후의 동서
양 의료기기 등이 전시 되어있는 의료박
물관으로 꾸며져 근대의학의 발전과정을
일목요연하게 볼 수 있다.

챔니스 주택에는 대구에서 가장 오래된 피아노가
있다. 의료선교사 존슨 박사의 가족이 사용하던 피
아노는 우리나라 최초로 미국인 선교사가 국내에 들
여온 피아노다. 당시에는 '소리 나는 귀신통'으로 불
렸으며 이 때문에 주택 주변에는 구경꾼들이 항상
몰려들었다고 한다.

1900년 3월 부산항에 도착한 피아노를 낙동강을 거슬러 나룻배로 사문진(달성군 화원동산)까지 싣고 와 이곳 선교사 주택까지 옮겨왔다. 커다란 달구지의 이동을 보기 위해 몰려든 구경꾼들을 보호하느라 앞뒤에서 종을 흔들며 이동했다는 이야기가 전해진다. 달성군 문화재단에서는 매년 가을 '100대의 피아노' 연주 이벤트를 사문진에서 열고 있어 최초의 피아노가 문화 관광 상품화로 이어지고 있다.

## 3) 블레어주택

선교사 3주택 중 가장 남쪽에 있으며 선교사인 블레어(Blair)와 라이스(Rice)가 살던 집이다. 붉은 벽돌로 지은 2층 집이며, 평면은 남북방향으로 긴 형태이고, 내부의 건축 재료를 일부분 바꾼 것 외에는 건물의 형태와 구조가 잘 남아 있다. 지붕 위엔 붉은 벽돌로 된 굴뚝이 있고 건물 안의 바닥은 나무로 된 마룻바닥이다. 1층에는 베란다, 응접실, 거실, 침실, 식당, 부엌이 있고 계단으로 연결된 2층에는 'ㅁ'자형의 계단홀을 중심으로 침실, 욕실이 배치돼 있다. 창문은 위아래로 열 수 있게되어 있으며 현관의 베란다 윗부분에는 일광욕실이 있다.

서쪽 현관의 베란다를 강조, 상부는 선룸(sun room)을 설치하여 집의 중심이면서 입면성을 강조한 것이 특이하다. 남쪽 거실 하부는 필로티(pilotis) 형식으로 설계와 시공의 정교함을 보여준다. 남측과 서쪽에 목조 베란다를 설치하고, 그 당시에 첨단공법인 콘크리트 기초 위에 붉은 벽돌을 쌓았다. 지붕은 박공면을 남쪽과 북쪽, 서쪽에 두었으며 동쪽과 서쪽의 지붕면은 셰드 형으로 설계되었다. 같은 시기 미국의 방갈로 풍에 가까운 주거 건물로 지금까지 건축 당시의 모습을 잘 간직하고 있다.

현재는 조선시대의 서당과 1960~70년대의 초등학교 교실을 재현해 놓고 시대별 교과서 등을 전시하는 교육 및 역사박물관으로 사용되고 있다.

선교사 주택의 하부 기초부분은 대구읍성을 철거한 돌(안산암)을 사용했다. 이를 보면 당시에 훼손된 성곽에서 나온 성돌들이 주변에 널려 있었던 것으로 보인다. 10여 년 전, 동성로 공공디자인 프로젝트를 전개하며 성돌 반환 회수작업이 있었을 때 개인 주택과 주변 많은 건물에서 성돌의 존재가 확인되었지만 회수작전은 실패로 돌아간 적이 있다.

# 다천산방

'건축가 없는 건축'이라는 책이 있다. 이름 그대로 특정한 건축가가 설계하지 않았지만 본질적으로는 건축 형태를 지닌 건축들, 작위적이거나 인위적이지 않은 원초적 건축현상들을 소개하고 있다.

나무 위에서 열매처럼 모여 사는 북아프리카의 주민들, 나무와 사람 그 자체가 삶의 건축이어서 아무런 장치나 장식도 필요치 않다. 판탈리카의 절벽 위에 굴을 만들어서 생활하는 혈거穴居마을은 새들의 집처럼 인간 역시 자연의 일부로 여겨질 따름이다. 열대지방의 바오밥나무 속을 파서 그 안에서 생활하는 것도 그야말로 자연 그대로의 주거 건축이다. 거대한 바위산을 조각과 같이 절단하고 파내어서 만든 교회, 인간의 힘보다도 자연 가운데에 동화되어있는 건축의 원형질은 드러내지 않음의 순수 미학을 보여준다.

2011. 11. 11.

건축, 삶을 꽃피우다

지중해 그리스의 산토리니 마을도 어느 특정한 건축가에 의해 의도된 설계의 집이 아니다. 마을 주민들의 한 집 한 집이 자연스럽게 군락을 이룬 건축 없는 아름다운 건축마을인 것이다.

헨리 데이비드 소로우의 '월든'은 문명세계의 현대인들에게 많은 메시지를 던진다. 소로우는 월든 호숫가에 가로 세로 3~4m 정도에 높이가 2m 조금 넘는, 그야말로 손바닥만한 통나무집을 지었다. 오로지 방 한 칸의 작고 좁은 집에서 1845년부터 2년간 월든 호숫가 집에서의 생활과 사유를 기록하였다. 더불어 자연과 조화를 이루는 삶, 소박하고 검소한 삶만이 인간에게 진정한 행복을 가져다줄 것이라는 사상을 전하고 있다. 그러나 2년여의 실험적 삶을 마감하고 뉴욕의 도회문명으로 돌아오고 말았다.

도시에서 삶을 영위하고 있는 현대인, 현대의 건축은 주변보다도 더 드러나 보이고 개성, 독창성을 표현하고자 저마다 애를 쓰고 있다. 새 건물은 옆 건물과는 달라야하고 간판 역시 크고 원색으로 돋보여야 한다는 강박관념에 사로잡혀 있는 것이 아닐까? 동네의 거리와 가로의 경관에서는 특별함의 개성주의보다도 주변과 잘 어울리는 맥락주의脈絡主義 동질성同質性이 더욱 중요하게 작용하는 것이다.

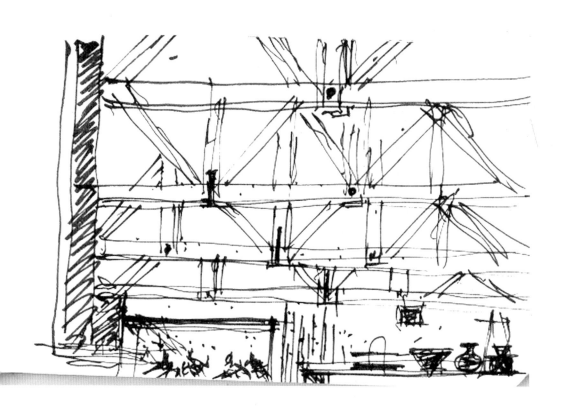

2011. 가을 대장선생에서

몇 년 전, 차를 타고 만촌동 한적한 주택가를 지나가다 돌층계 위에 편안해 보이는 작은 집을 발견했다. 집과 주변 분위기가 드러나지 않는 작은 간판의 '다천산방'이었다. 이 집은 신문이나 여러 책자에도 소개가 되어서 조금은 알려져 있기도 했었다. 집 구경을 위해서 다시 찾았을 때에는 비슷비슷한 골목길 안이라 쉽게 찾을 수가 없었다. 도로의 특징이 없고 주변에는 눈에 띄는 특정한 건물도 없는 그저 평범한 동네길이라 몇 바퀴를 돌고서야 찾을 수가 있었다.

찻집 '다천산방', 기왓장이 얼기설기 박혀있는 석축 위에 올라앉은 아담한 박공 경사 지붕집이다. 오랜 시간 동안 그 자리에 있었듯 방부제를 처리한 나무판자를 입힌, 마치 적산敵産 집을 연상시킨다. 투박한 침목 계단을 오르면 장독대가 군데군데 놓인 자그마한 잔디마당이다. ㄱ자형 건물은 마당을 감싸 안고 달랑달랑 처마 끝 한가로운 풍경이 눈길을 끈다. 도시 한가운데에서의 여유와 한적함이다.

찻집 문을 열고 들어서면 내부 공간은 둘로 나누어진다. 출입구가 있는 본체건물과 왼편을 돌아 연결되는 뒤쪽의 건물이다. 내부는 꾸밈없이 그대로 드러내고 있어 그저 평범하고 편안한 사랑방 분위기이다. 통나무 카운터가 있고, 주방이 보이고, 차 도구를 진열해 놓은 전통찻집으로 별다른 인테리어가 없다. 각각 다른 모양의 창들로 인해서 전망과 분위기를 달리할 뿐, 특별함이 없다. 뒤쪽의 공간은 화장실로 가는 복도를 돌아서 시선에서는 분리된 별실 분위기이다. 통유리를 통해서 남쪽의 정원을 통째로 바라볼 수 있어 항상 손님들이 먼저 차지하는 공간이다. 찻집과 커피숍, 식당의 의자는 너무 안락하거나 편안하면 안 된다는 말이 있다.

고객들이 자리에 오래 머물수록 좌석 회전 횟수가 줄어들기 때문에 영업적 계산에는 불리하다는 말이다. 아마도 불경기에 그런 계산을 하는 가게는 없을 것이다.

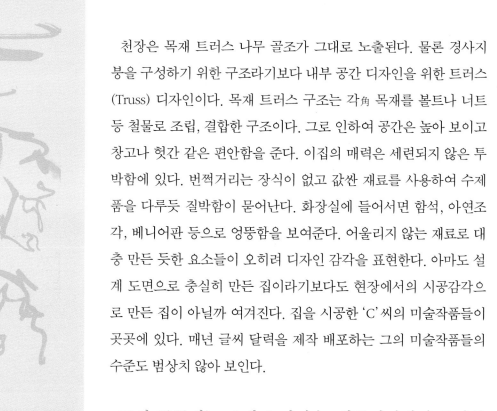

천장은 목재 트러스 나무 골조가 그대로 노출된다. 물론 경사지붕을 구성하기 위한 구조라기보다 내부 공간 디자인을 위한 트러스(Truss) 디자인이다. 목재 트러스 구조는 각角 목재를 볼트나 너트 등 철물로 조립, 결합한 구조이다. 그로 인하여 공간은 높아 보이고 창고나 헛간 같은 편안함을 준다. 이집의 매력은 세련되지 않은 투박함에 있다. 번쩍거리는 장식이 없고 값싼 재료를 사용하여 수제품을 다루듯 질박함이 묻어난다. 화장실에 들어서면 함석, 아연조각, 베니어판 등으로 엉뚱함을 보여준다. 어울리지 않는 재료로 대충 만든 듯한 요소들이 오히려 디자인 감각을 표현한다. 아마도 설계 도면으로 충실히 만든 집이라기보다도 현장에서의 시공감각으로 만든 집이 아닐까 여겨진다. 집을 시공한 'C'씨의 미술작품들이 곳곳에 있다. 매년 글씨 달력을 제작 배포하는 그의 미술작품들의 수준도 범상치 않아 보인다.

　도시 곳곳에는 브랜드 커피숍, 원두커피집이 문전성시를 이루고 있으며 계속 생겨나고 있다. 원가에 비해 비싼 가격, 수입커피의 경제 규모를 생각해보면 무작정 반길 일만은 아닐 것이다.
　길을 나서면 언제나 만날 수 있는 사랑방 같은 작은 전통찻집 풍경이 많았으면 좋겠다.

건축, 삶을 꽃피우다

대구의 건축, 문화가 되다

세계의 도시들이 그 도시를 상징하는
랜드마크를 내세우고 먼저 눈에 띄는
전망타워가 있듯, 대구 밤하늘에 빛을
발하고 있는 83타워(대구타워)는 도시
의 등대이자 대구의 랜드마크라고 말할
수 있겠다.

그동안 대구타워, 두류타워, 우방타워로 명칭이 변화하였지만 지금의 이름 83타워는 시민들에게 다소 생소한 이름이기도 하다. 달서구 두류산에 위치하는 83층 높이로서 1992년에 완공했으며 다보탑의 팔각형 탑신으로 한국의 전통 건축미를 응용한 디자인이다, 2010년 수성구의 수성 SK리더스뷰(217m)가 완공되기 이전까지 이 도시에서 가장 높은 건축 시설물이었다.

랜드마크(landmark)는 탐험가나 여행자 등이 특정 지역을 돌아다니던 중에 원래 있던 장소로 되돌아 올 수 있도록 표식을 해둔 지형지물을 가리키는 말이다. 거슬러 올라 원시시대에도 멀리 사냥을 떠날 때 길을 잃어버리지 않도록 한 표식을 의미하기도 한다. 그러나 오늘날에는 뜻이 더 넓어져 도시에서의 특정 건물이나 상징물, 조형물 등으로 어떤 지역 도시를 상징적으로 대표하는 의미를 부여하는 것을 랜드마크라 일컫는다. 시시각각 초고층빌딩이 새로 올라가고 변화하는 현대도시에서는 랜드마크의 의미도 변화할 수밖에 없는 것이다.

서울 남산의 서울타워, 토론토CN타워, 도쿄타워 등은 도시에서 가장 눈에 잘 나타나는 상징조형이자 방문객들이 올라 도시를 관망하는 전망타워이다. 파리의 에펠탑은 1789년 만국박람회 상징조형물이었다. 시민들의 반대 속에 박람회 이후 철거키로 하고 시한적으로 건립하였으나 후일 시민들의 철거반대로 영원히 남아 있게 된 것이다.

83 TOWER.
王성대.

大邱 TOWER → 83 TOWER

쿠알라룸푸르의 페트로나스 트윈타워, 타이페이101, 두바이 부르즈 칼리파 등은 국가의 위상을 상징하는 초고층 랜드마크 빌딩이다. 완공 당시에는 세계 최고 높이 건물의 영예를 가졌으며 부르즈 칼리파는 현존 세계 최고 건축물이다. 그러나 단지 크고 높은 건축물만을 랜드 마크라 칭하지는 않는다. 이집트의 피라미드, 로마의 콜로세움, 런던의 빅벤, 베이징의 천안문광장 등은 오랜 역사성, 특별한 장소성으로서의 도시 랜드마크이다.

2016 리우올림픽 화면에서도 보아왔던 리우데자네이루 그리스도상은 리우를 상징하는 독특한 도시경관이다. 시드니 오페라 하우스, 빌바오 구겐하임 미술관은 건축가의 건축작품이 곧 도시 랜드마크로 대표하게 된 사례이다.

우리도시의 랜드마크는 무엇이라고 자랑하고 내세울 수 있을까? 전망타워나 고층아파트가 그 도시를 대표하고 상징하기에는 미흡하다. 대구시에서 수년전 발표한 '대구12경'에도 강력한 대표성은 그다지 드러나지 않는 것 같다. 그 대표성은 어느 날 갑자기 조성되는 것이 아니며 오랜 시간의 축척과 역사성, 또는 획기적인 정책의 결과물로서 가시적으로 나타나야 하는 것이다.

최근 포항시는 파리 에펠탑에 버금가는 300m 높이의 상징타워 추진계획을 발표하였다. 랜드마크는 경제성 실효성 이상으로 도시의 시티마크가 될 수가 있을 것이다.

여름밤 83타워 전망대에 올라 도시를 내려다보자. 새삼 이 도시가 훨씬 넓고 광활하게 보이고 여름밤은 시원하고 활기차게 느껴질 것이다.

계산성당과 제일교회는 근대골목투어의 시작에서부터
독특한 경관미를 보여주고 있다.
지역의 대표적 성당과 교회 건축이 포커스 안에
나란히 조우하고 있다는 것은 우연의 일치일까?
중후한 붉은 벽돌의 성당과 하얗게 빛나는 화강석 교회의 외관까지도
구교舊敎와 신교新敎를 상징하는 듯하다.

# 5

## 건축,
## 문화가 되다

# 1 대견사지 3층 석탑

　분지의 도시 대구는 북으로는 팔공산(1천192m), 남으로는 비슬산(1천84m), 그리고 앞산이 가까이 있어 자연에 가까운 도시이다.

　비슬산琵瑟山의 정상은 대견봉이다. 대견봉 중턱 벼랑 끝에는 3층 석탑이 드라마틱하게 서 있다. 절벽의 높은 바위 위에 꾸밈이 없는 기단과 탑신은 오랜 세월 산세를 다스리고 있는 듯 위엄이 우러난다.

백련지 물풍경 ― 양개리 石塔에서

물결치며 지나밀이다 돌아오지 마라.
저의 사라진 발그림에
산은 커다란 설음을
안개로 뭉몰이 한다.

최명희 sketch.
2014.08.20
大見寺址
三層石塔

　사찰 창건자는 미상이나 건립 시기는　9세기 통일신라시대(홍덕왕) 때로 추정한다.

　중국 당나라 문종文宗이 절을 지을 곳을 찾고 있었는데, 하루는 얼굴을 씻으려고 떠놓은 대야의 물에 아주 아름다운 경관이 나타났다. 바로 이곳이 절을 지을 곳이라 생각한 문종은 사신을 파견하여 절터를 찾게 하였다. 결국, 중국에서는 찾을 수 없게 되자 신라로 사람을 보내어 찾아낸 곳이 바로 이 절터라 한다.

대국大國, 중국에서 보였던 절터라 하여 절을 창건한 뒤 대견사大見寺라고 이름 하였다.

이곳에는 절은 사라지고 오랫동안 있어왔던 절터의 흔적이 100여 년을 지켜왔다. 신라시대에 축조한 것으로 추정되는 축대가 있었고, 무너진 구층 석탑과 석조선각불상, 동굴대좌洞窟臺座 등이 있었다고 전한다. 이 중 축대는 현재까지 온전히 보존되어 있으며, 동굴은 참선 도량으로 사용하였을 것으로 추정된다. 도굴꾼에 의해서 무너진 구층석탑은 원래 높이 4.5m, 기단 너비 1.2m다.

절은 임진왜란 전후로 폐사했다고 전해진다. 그 뒤 1900년 영친왕의 즉위를 축하하기 위하여 이재인李在仁이 중창하였으나 1908년 허물어지기 시작하여 1917년 일제에 의해 강제 폐사되었다.

2011년 11월 대견사 재건 공사가 착공되어 2014년 3월 적멸보궁, 요사채, 산신각, 목조와가 등 건물 4동이 완공되었다. 이로써 대견사가 폐사된 지 100여 년 만에 다시 복원되었다.

전성기에 이 절은 비슬산의 중심사찰이었다. 산 밑 소재사消災寺는 이 절의 식량이나 각종 생활용품, 의식 용품 등을 공급하던 곳이었다.

대견사는 용연사에 이어 부처님 진신사리를 안치했다. 그래서 달성군은 전국에서 유일하게 2개소의 적멸보궁을 보유하는 자치단체가 되었다. 봄이면 만개하는 철쭉꽃과 천연기념물인 암괴류, 유가사, 용연사가 가까이 있다. 인기드라마 '추노' 촬영이후로 방문객의 발걸음이 더욱 잦아졌다.

시시각각 분위기가 달라지는 3층 석탑과 비슬산의 실루엣을 스케치북에 담으면서 생각한다. 복원이 되어서 당당하게 제 모습을 찾은 '대견사'도 의미가 좋지만, 텅빈 '대견사지大見寺址'에서 상상 속의 대견사와 벼랑위에 외로이 서있던 '3층 석탑'도 참으로 아름다웠노라고…….

대구에는 두 개의 새로운 풍경이 생겼다.

첫 번째는 도시철도 3호선 '하늘열차(SKY RAIL)'를 타고 지상 11m 상공 '움직이는 전망대'에서 도시경관을 내려다보면서 달리는 풍경이다.

또 하나는 도시를 관통하며 11m 상공을 밤낮없이 오가는 모노레일 전동차와 구조물을
올려다보는 것이다. 공사가 진행되고 개통이 될 때까지 6여 년 동안은 구조물이 도시 미관
에 미치는 영향과 인근 건물의 조망권·일조권 문제, 인근 아파트의 사생활 문제, 도시의 단
절 등으로 시민들의 부정적인 인식과 불만이 지배적이었다.

3호선 공사가 한창인 시기에 시민 건축 특강 중 청중에게 질문을 받았다.

"경관을 가로막는 구조물과 산만하게 움직이는 모노레일은 도시를 슬럼화시키는 일이 아닌가요?"

당연히 부정적 시각에서의 공격적인 질문이었다.

"그것은 교통의 문제를 떠나 도시의 활기와 에너지를 느끼게 하는 새로움이 될 것"이라고 답변을 했다.

지금 강건한 구조물 위를 오가는 모노레일의 움직임은 도시의 맥박처럼 숨을 쉬고, 도시공간에 매달린 모빌처럼 생동감을 주지 않는가?

처음엔 도시 상공 가까이에서 내려다보이는 경관들은 드러나 보이지 않았던 낡아서 지저분한 옥상과 지붕들이었다. 오랜 세월 감추어져 있어 우리 눈에 띠지 않던 모습이었다. 이렇게 누추한 경관의 개선을 위해서 관계당국과 관계자들의 역할이 컸다. 지상철 주변의 주택과 상가, 빌딩 등의 건물주를 찾아다니면서 일일이 설득하며 환경개선작업을 독려한 결과 아름다운 대구로 다시 태어난 것이다.

3호선 '하늘열차'는 6년의 공사기간과 1조 4천 913억 원의 사업비를 투입하여 2015년 4월 23일 개통하였다. 북구 동호동의 칠곡 '경대병원역'을 기점으로 수성구 범물 '용지역'을 종점으로 30개 역 구간의 총길이는 23.95㎞이다. 전국 최초로 모노레일 시스템과 관제실에서 컨트롤하는 무인역사 시스템이다. 모노레일로 추진하여 기존 도시철도에 비해 50%의 건설비와 25%의 운영비를 절감하였다고 한다.

폭 2.98m, 길이 15.1m의 모노레일은 무인자동운전으로 운행되며 사생활 침해 우려가 있는 건물 근접지역을 통과할 때에는 차량 내부에서 바깥이 보이지 않도록 자동으로 '창문 흐림 장치'가 작동된다. 정거장은 도시 미관의 폐쇄감을 고려하여 열차의 길이보다 짧게 설계된 특징들이 있다.

지하철 1호선, 2호선과 함께 동서남북을 하나로 연결하는 교통체계를 완성함으로써 대구전 지역은 도시철도 1시간 이동 생활권이 되었다. 3호선 모노레일은 시티투어와 각 역사별 특색 있는 주변 관광명소와 연계한 스토리텔링 개발 등으로 대구 관광의 중심과 변화를 가져왔다. 서문시장의 문전성시 효과가 나타나 서문시장역 플랫폼은 곧바로 증설공사를 하였다. 시장은 번성하였고 야시장까지 개설되어 전국적인 관광명소로 각광을 받기 시작한 것이다. 여름이면 3호선을 이용하여 수성못을 찾는 발걸음이 부쩍 늘어 수성못 여름축제 기간에는 주변 교통을 통제하는 특단의 대책까지 필요할 정도였다.

　하늘열차가 움직이는 밤의 풍경은 대구가 자랑할 만한 아름다운 도시의 모습이다. 금호강 위를 지날 때의 도시 야경과 신천의 야경, 대봉교의 현수교 교량 위를 지나는 하늘열차 풍경은 가히 환상적이다. 밤의 시간 도시철도 3호선을 타고 11m 상공으로 올라가면 우주 도시를 여행하는 환상에 빠질 수 있다.

# 3 계산성당과 제일교회

Gothic 양식 화랑한 최첨 낭만적 실루엣.
계산성당, 제일교회의 Sky-Line의 경관이
준수한 분출건물과 호텔에 빛나는 화려한 건축물
旧敎와 新敎의 대립은 조화로 FOCUS 속에 나타나고 조우한다.
건물의 의상은 달라져도 너그러운 폭튼다. 하늘을 취하는 화랑한 실루엣의 향연도.....

ETCH by CHOI, SANG-DA

　해가 질 무렵, 계산성당과 청라언덕 위 제일교회
가 이루는 스카이라인은 도시의 선명한 실루엣으
로 나타난다. 시대와 나라를 초월하여 종교건축의
고딕첨탑 실루엣은 인간들에게 경건함과 더불어
낭만적 감성을 불러일으킨다.

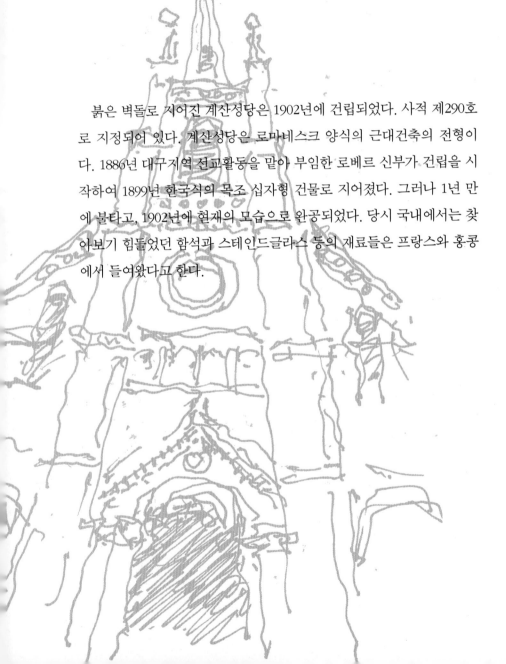

　붉은 벽돌로 지어진 계산성당은 1902년에 건립되었다. 사적 제290호로 지정되어 있다. 계산성당은 로마네스크 양식의 근대건축의 전형이다. 1886년 대구지역 선교활동을 맡아 부임한 로베르 신부가 건립을 시작하여 1899년 한국식의 목조 십자형 건물로 지어졌다. 그러나 1년 만에 불타고, 1902년에 현재의 모습으로 완공되었다. 당시 국내에서는 찾아보기 힘들었던 함석과 스테인드글라스 등의 재료들은 프랑스와 홍콩에서 들여왔다고 한다.

120년 이상의 역사를 지닌 제일교회 원형은 대구광역시 유형문화재 제30호로 지정된 약전골목에 위치하는 붉은 벽돌 예배당이다. 1908년 (순종2) 재래양식과 서구의 건축양식을 절충하여 지은 경북지역 최초의 교회이다. 1933년 지금의 벽돌조 교회당을 건축하고 제일교회로 개명, 1937년에 벽돌로 높이 33m, 13평 넓이의 종탑을 세워 현재의 모습으로 완성되었다.

건축, 문화가 되다

214

건물 외관에 고딕양식이 잘 나타나 있어 대구지역 근대 건축사 연구에 귀중한 자료이다. 또한 선교사들이 근대적 의료 및 교육을 전개하였던 거점으로서 역사적 의의를 지닌 교회건축이다. 지금의 청라언덕 위 화강석 새 교회는 1994년에 완공한 것이다.

계산성당과 제일교회는 근대골목투어의 시작에서부터 독특한 경관미를 보여주고 있다. 지역의 대표적 성당과 교회 건축이 포커스 안에 나란히 조우하고 있다는 것은 우연의 일치일까?

중후한 붉은 벽돌의 성당과 하얗게 빛나는 화강석 교회의 외관까지도 구교舊敎와 신교新敎를 상징하는 듯하다. 건물 외관은 다르게 출발했지만 하늘을 향하고 있는 까만 첨탑과 십자가 형상은 똑같은 것이다.

# 4 도시의 오아시스
## 수성못

우리의 생명의 물,

물 따라 우리의 삶도 흐른다.

100년 나이의 수성못,

우리의 인생도 흐른다.

대구를 대표하는

가장 큰 인공 못

수성못 위에 오늘도

우리의 이야기가 살아있다

　　- 수성못, 그 백 년의 길(수성못 주변 길에 있는 글)


여름밤의 수성못을 보면 물위에 아롱거리는 도시의
불빛으로 선명한 실루엣이 나타난다. 밤이 깊어갈수
록 도시 불빛은 밝아지고 밤하늘은 더욱더 검푸르다.

수성못은 도시계획으로 변화된 오늘날에도 남아있어 도시의 오아시스가 되고 있다. 상전벽해桑田碧海라 했던가. 수성못 아래 들판이었던 곳에는 아파트와 빌딩, 상가들이 들어서서 새로운 도시를 이루었다.

수성못은 대구의 상징이자 랜드마크 (Landmark)이다. 여름밤이면 수성못 주변 상화 공원에는 공연 행사가 이어지고 못 가운데 음악분수의 레이저 불빛은 밤하늘을 현란하게 수놓는다. 사람들의 행렬이 줄을 잇는 못 둘레길에는 색소폰과 통기타의 선율이 흐르고, 길 건너 카페 등 다양한 음식을 판매하는 식당에서는 늦은 시간까지 불야성을 이룬다.

수성못 풍경

수성못의 둘레는 약 2km 정도이다. 4면으로는 각각 다른 환경적 요인과 경관을 지닌다. 못의 북쪽으로는 못둑길, 들안길로 일컫는 식당 동네로 이어진다. 동쪽으로는 카페길과 지산·범물 아파트 주거단지로 저녁이면 주민들의 산책길이 된다. 남으로는 용지봉 자락으로 이어지고 서쪽으로는 앞산의 수려한 산세, 일몰의 경관을 바라볼 수가 있다.

기록으로 보면《세종실록지리지》에 나타나는 둔동제屯洞堤를 현 수성못의 원형으로 추정한다.

일제강점기에 미쓰사키린따로水崎林太郎가 가뭄과 홍수에 고통을 받고 있는 농민들을 위하여 총독부의 지원과 자기 재산을 희사하여 10년간의 공사 끝에 1924년 지금의 수성못으로 완공하였다고 한다. 조선조의 기록에 비해 5배정도 확대 조성한 것으로 보는 것이다.

1939년 세상을 떠난 미쓰사키 린따로의 유언에 따라 그의 무덤은 수
성못이 내려다보이는 야산에 있다. 고인의 묘는 한일친선교류회에서
관리하고 있으며. 수성못은 오늘날까지도 한일교류의 상징이 되고 있
다. 이러한 인연으로 수성구청에서는 그의 출생지인 일본 기후시와 자
매도시 결연을 맺고 학생교류, 교육, 문화 등 다양한 교류활동을 펼치고
있다.

상화 시비詩碑가 있는 공원에서는 여름밤이면 수성문화원에서 주관하
는 '상화문학제' 가 열린다.

수성못을 거닐며 이상화 선생이 이곳의 풍광을 보고 쓴
시 〈빼앗길 들에도 봄은 오는가〉를 읽으면 넉넉했던 그
옛날의 이곳 들판을 상상할 수 있다.

건축, 문화가 되다

## 빼앗긴 들에도 봄은 오는가 /이상화

지금은 남의 땅
빼앗긴 들에도 봄은 오는가
나는 온 몸에 햇살을 받고
푸른 하늘 푸른 들이 맞붙은 곳으로
가르마 같은 논길을 따라
꿈속을 가듯 걸어만 간다.

입술을 다문 하늘아 들아
내 맘에는 나 혼자 온 것 같지를 않구나
네가 끌었느냐 누가 부르더냐
답답워라 말을 해다오
바람은 내 귀에 속삭이며
한 자국도 섰지마라 옷자락을 흔들고
종다리는 울타리 너머
아가씨 같이 구름 뒤에서 반갑다 웁네

고맙게 잘 자란 보리밭아
간밤 자정이 넘어 내리던 고운 비로
너는 삼단 같은 머리를 감았구나.
내 머리조차 가뿐하다.

혼자라도 기쁘게 나가자

마른 논을 안고 도는 착한도랑이

젖먹이 달래는 노래를 하고 제 혼자 어깨춤만 추고 가네


나비 제비야 깝치지 마라

맨드라미 들마꽃에도 인사를 해야지

아주까리 기름을 바른 이가 매던 그 들이라

다 보고 싶다


내 손에 호미를 쥐어다오

살찐 젖가슴 같은 부드러운 이 흙을

팔목이 시도록 매고

좋은 땀조차 흘리고 싶다


강가에 나온 아이와 같이

짬도 모르고 끝도 없이 닫는 내 혼아

무엇을 찾느냐 어리로 가느냐

우스웁다 답을 하려무나


나는 온 몸에 풋내를 띠고

푸른 웃음 푸른 설움이 어우러진 사이로

다리를 절며 하루를 걷는다

아마도 봄 신령이 지폈나보다.


그러나 지금은 들을 빼앗겨 봄조차 빼앗기겠네.

# 5 상동 고가도

순환도로는 도시 교통의 시원한 숨통이자 건강한 혈관이다. 도심의 차량 정체를 벗어나 순환도로를 통해 도시를 벗어나면 비로소 해방감과 함께 속도감을 느끼게 된다.

지상 45m 높이의 상동 고가도로는 신천을 거슬러서
용지산과 앞산의 언저리를 바라보며 도시의 남쪽으로
빠져나간다. 상동IC에서는 청도 방향과 범물·경산 방
면, 10.44km 길이의 앞산터널을 관통하여 상인동과 현
풍 대구테크노폴리스로 빠져나가는 길로 갈린다.

완공이 되고나니 새로운 도로가 생겨서 편리해졌다는 생각뿐이다. 오랜 공사기간의 현장 작업자들의 노고는 잊기가 쉽다. 뜨거운 여름이나 혹한의 한겨울에도 수년간 고가도로 공사현장을 눈여겨보았다. 산언저리를 파헤치고, 강을 메우고, 교각을 세우고, 거대한 상판을 올렸다. 현대 교량의 토목공학기술은 기둥 개수를 적게 하고 상판 SPAN을 최대한 길게 계획하는 일이다.

건축에서는 철근을 배치하고 콘크리트를 타설하는데 비해, 대규모 토목공사는 대형 부재를 공장에서 제작하여 현장에서 조립하는 방식을 택한다. 도시 현장에서의 비좁은 공간과 교통 혼잡 등의 요인을 최소화하고, 부재의 정밀한 공정관리가 주요인이다. 그러나 운반조차도 불가능한 거대 구조물은 현장에서 특별 제작을 해야 한다. 한 치의 오차도 없이 설계하고 시공하지 않으면 부실과 대형사고로 이어지기 때문이다.

대형SPAN 상판의 제작은 미리 고압축 PC강선을 콘크리트 속에 주입한 프리텐션 빔(pre-tensioned beam) 공법을 적용한다. 미리 압축력을 최대화하여 외부하중을 극복하는 기술이다. 우리 인생에서도 실패와 시련은 앞으로 부딪힐 충격에 대비하는 것 일 수도 있을 것이다.

내륙과 섬을 연결하는 거가대교, 영종대교 같은 거대 교량은 현수교懸垂橋(서스펜션, suspension bridge)라 일컫는다. 교각과 교각을 잇는 강선줄에 교판을 매단 공법으로 대형 스팬을 기둥도 없이 연결하는 것이다. 기둥이 생략된 하부에 선박 이동이 자유롭도록 교각공사를 생략하는 것이다. 현재 국내기술로는 최대 3km 스팬까지 연구를 하고 있다. 상부의 하중은 하부로 부담한다는 고정관념의 범주를 훨씬 넘어선 현대문명 시대인 것이다

교통에 의한 구조물들이 많이 세워지면서 평면도시에서 입체 도시로 변모하였다. 자연환경 훼손으로 인한 반대와 인근 주민들의 민원을 야기하기도 하지만, 완공 후 교통 문제의 해결 후에는 그 불편함들은 잊어버리게 된다.

거대 구조물은 환경적인 측면과 도시에서의 풍광을 저해하기도 하고, 주변의 슬럼화를 야기하기도 한다. 그러나 입체감과 속도감으로 활력을 주는 요인과 구조미학적 조형성을 고려하는 것이 중요한 것이다.

상동 고가교는 한여름에도 짙은 그림자를 드리워 준다. 어릴 적, 다리 아래의 그늘은 동네 사람들이 모여드는 피서지였다. 그늘 아래서 아이들은 물놀이를 하였고 어른들은 장기를 두고 낮잠을 자는 여름 놀이터요, 사랑방이었다.

그러나 과거의 추억들은 사라졌다. 수성못, 신천, 금호강변 등 과거 추억의 장소들은 둘레길, 자전거길, 자동차 순환도로로 변신하여 움직이고 달리는 속도의 길이 되었다.

여름 어느 날, 한바탕 소나기 지나간 뒤, 따가운 햇볕이 내리쬐고 먼지가 씻겨나간 파란 하늘에는 흰 구름이 가볍다. 신천 강물이 찰랑이고 고가교 위를 달리는 자동차 바퀴소리조차 경쾌하다. 상동 다리 그늘 아래에서 어릴 적 여름 추억을 잠시 그려 본다.

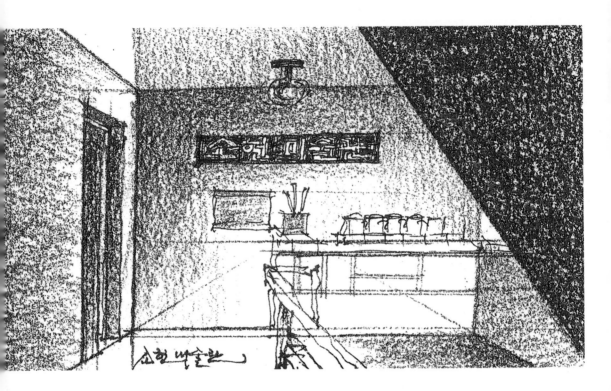

　　한동안 지역 문화예술계의 관심사는 '이우환과 그의 친구들 미술관' (이하, 이우환 미술관) 건립에 관한 것이었다. 지금도 작가의 작품들에 대한 위작 소동이 뉴스에 등장하는 것을 보면서 우리 지역 문화가 겪었던 허실도 떠올리게 된다. 근 5년여의 시간 동안 시민들은 새 미술관에 대한 기대에 들떠있었던 것도 사실이다.

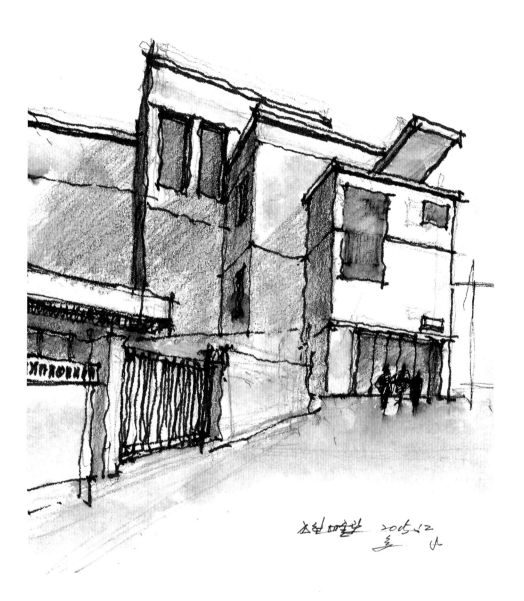

미술관은 단순히 작품만을 전시하는 곳을 말하지 않는다. 명품 건축물을 전제로 한 미술관으로 문화도시의 위상 세우기가 중요한 목적인 것이다.

이우환 미술관 건립의 발상은 '안도 다다오'가 설계한 나오시마 '지추미술관'과 '이우환 미술관'의 건축적 성공의 매력에 이끌려서이다. 한창 세계적인 유행을 일으키고 있었던 안도의 트레이드마크, 노출 콘크리트 건축과 점, 선의 작가 이우환 화가의 브랜드로 명품 미술관 만들기에 급급했기에 당시 지역 미술계, 건축계의 참여와 여론은 제외되었다.

결과적으로 부산시립미술관 앞마당에 이우환 미술관이 개관(2015. 4. 10)되고서야 이우환 미술관 건립은 무산되었다. 2014년, 미술관 건립 포기 보도가 나돌 쯤, 동구 효목동 주택가 골목길 안에서는 작은 문화공간 공사가 시작되고 있었다. 그 해 10월, 지역 서예가 소헌 고 김만호 선생(1908~1992)의 106주년의 해에 '소헌미술관'이 완공되어 개관하였다.

지역을 대표하는 서예가의 기념미술관은 소헌 선생의 자제인 김영태 교수(영남대 건축학부 명예교수)가 정년퇴임 후 사재를 털어 직접 설계와 시공을 하여 지은 작은 문화공간이다. 부인인 서양화가 장경선(소헌 선생의 자부)이 관장을 맡으며 지역 첫 사립 미술관이자 첫 서예 미술관 시대를 열었다. 소헌미술관은 연중 기획전, 특별전을 열고 있다. 격주 토요일 서예와 동양미술 건축 인문학 등의 시민강좌 프로그램 '소헌아카데미'를 진행하고 있다.

건축, 문화가 되다

골목 안, 작은 주택 부지를 합하여 지은 미술관은 210㎡ (64평) 대지에 연면적 356m²(108평)으로 1층 로비와 커피숍, 2층 전시공간, 수장고, 3층 다목적홀과 사무실의 아주 작은 문화공간이다. 콘크리트와 시멘트의 담백한 외양과 땅의 형태대로 건축을 배치하였다. 작은 마당에는 감나무, 모과나무가 있는 소박하고 자연스러운 건축 디자인이다.

심정필정心正筆正의 정신을 실천하시고 후학들에게 가르치신 소헌 선생의 유품, 서적 등의 자료 1,000점과 유작 60여 점을 한 곳에 정리한 서예 전문미술관은 근, 현대 서예 대가를 배출한 영남학파의 고장에 진정 있어야 할 문화공간일 것이다. 한 개인의 힘으로 건립한 미술관의 과제는 지속적 운영에 따른 재정적 부담이 있다. 정책적, 외형적 문화 행정의 표방에만 치우치지 말고 자생적이고 작은 것에 관심과 배려가 더욱 소중하다.

# 7 천주교 대구대교구 범어성당

　교회, 사찰, 성당 등의 종교건축은 예나 지금이나 크게 변하지 않는 고정된 규범, 일정한 양식의 모습을 갖고 있다. 따라서 사람들은 오랫동안 경험하고 보아왔던 규범과 양식에 따라서 불문율처럼 여겨지는 고정 관념을 갖고 있기도 하다.

　많은 사람들이 종교건축, 특히 교회건축에 대해 나름대로의 생각을 이야기한다. 외국 어디에 가보니 참 대단하더라. 우리는 왜 그렇게 못 짓느냐? 관광명소로 이름난 수백 년 전의 중세 유럽의 명품 성당들을 보고서는, 특히 가우디의 바르셀로나 성 가족성당 건축을 보고서는 자책과 비난을 한다. 부정적 시각으로 비춰지는 우리 건축 형식에 대해서는 인정하지만, 종교적 역사 문화적 배경은 도외시한 채 비교 적용하는 것은 이치에 맞지 않은 것이다.

명동성당
글앞원 IMAGE

　이 땅에 첫 교회(서울정동교회, 1885년)가 세워진 지 131년이며, 첫 성당(서울약현성당, 1892년)이 세워진 지는 124년에 불과하다. 그런데 1900년에 세워진 성공회 강화성당은 전통기와집을 변용한 한국식 성당이다. 그런데 지금 이 시대의 성당과 교회는 유럽 고딕양식과 서양식 이미지 틀에서 거의 벗어나지 못하고 있다. '교회는 석조건물 십자가 높은 첨탑이어야 하고, 경사지붕에 붉은 벽돌집의 성당, 사찰은 전통기와지붕' 이라는 고정관념인 것이다. 어쩌면 술, 담배, 육식이 금기시되고 있는 종교적 절대 룰을 벗어날 수 없음과 동일한 것이다.

기독교 문화의 유럽에서는 도시의 중심 광장에 교회나 성당이 세워졌다. 그러나 지금 우리는 복잡한 도심지의 비좁은 골목 상가건물에도 교회 첨탑만 높아지고, 밤이면 건물 옥상의 십자가 불빛들이 숱하게 보인다. 주변은 주차장화 되고 주민들의 민원 발생으로 인허가도 어렵다.

대구대교구 100주년 기념 주교좌 범어대성당 건립 공사(2013년 3월 31일~2016년 5월 22일)가 완공되어 그 모습을 드러냈다. 전체 건축 연면적 2만 7769m²(8400평) 규모로, 2500석에 달하는 대성당(6440m²)과 소성당(500석), 다목적 공연장(438석) 등을 갖추었다.

범어대성당은 시민들에게는 그동안 보지 못했던 새로운 성당 모습과 대단한 규모에 감탄을 자아내게 한다.

범어성당은 유럽의 고딕양식과 로마네스크 르네상스 이미지를 절충한 현대건축이다. 중세적 성당과는 달리 대형 성당의 mass를 세분화하여 주변과 도시적 스케일에는 거부감을 줄이려는 노력이 돋보인다.

그러나 이 시대에도 수백 년 전 유럽의 종교건축의 규범은 그르칠 수가 없어 보인다. 기독교 교회는 현대 조형적 건축에서 자유롭지만 가톨릭의 성당은 건축이미지도 율법인 양, 중세 고전형식에 복종하고 있다. 오히려 현대 공간적 건축적 디자인은 어설픈 성당건축으로 실패 확률이 높은 것이 사실이다. 오랫동안 있어왔던 구 성당의 디자인은 시간을 초월한 듯 현대적 조형성을 지니고 있다. 옹기종기 모여 있는 밝은 벽돌 건물의 무리, 높은 고딕식 첨탑과 경사지붕의 성당은 신선하고도 경건한 도시 풍경으로 다가온다.

외국 여행에서 수백 년 역사의 성당 교회 앞에서 마냥 부러워할 일만은 아니다. 우리 땅의 부석사, 봉정사, 불국사, 해인사 등의 전통사찰은 외국인들도 부러워하는 수백 년 역사의 종교건축들이다. 이 땅의 전통사찰 건축에는 진입로의 과정적 공간, 가람배치의 짜임새, 시간의 켜가 쌓인 석탑, 석등, 목조건축의 아름다움이 있다. 현대에 와서는 가람배치는 흐트러지고 콘크리트 사찰 대형석불 석탑들은 난잡해지고 고졸古拙한 운치가 망가뜨려지기도 했다.

훌륭한 종교건축들은 도시와 지역의 랜드 마크이자 관광자원이며 문화적 유산이다. 아름답고 좋은 이미지 종교건축은 당연히 그 본질인 선교와 포교에 기여하게 된다. 그것은 종교인, 신자, 신도, 시민들의 건축 문화적 식견과 안목이며 그리고 실천의 결과인 것이다.

# 8 청라언덕

언덕이라는 말에는 정감이 있다. 먼 풍경이 내려다보이는 고향마을 뒷동산 언덕. 봄이면 아지랑이가 피어오르고 여름의 나무그늘 아래로 솔바람이 시원했다. 사춘기 시절의 뒷동산은 다시는 오를 수 없는 마음속의 언덕이 되었다.

'푸른 담쟁이'가 덮인 붉은 벽돌의 선교사 사택이 있는 청라언덕은 역사와 문화, 근대건축과 낭만이 공존한다. 여기는 가곡 '동무생각思友'이 탄생한 가슴 설레는 희미한 옛사랑의 장소이다. 청라언덕을 지나다니던 신명 여학교 여학생을 짝사랑한 음악교사 박태준은 친구 이은상에게 이야기를 전한다.

　마산 창신학교 시절 국어교사 친구 이은상이 시를 쓰고 박태준이 곡을 만든 노래이다. 원곡은 〈사우思友〉였으나 나중에 〈동무생각〉으로 바뀌었고 훗날 박태준과 이은상은 사돈지간이 된다.


　1900년대 초기의 선교사 주택의 붉은 벽돌건물에는 '사랑·봉사·희생'의 기독교 선교정신이 그대로 남겨져 있다. 선교사 스윗즈 주택(대구 유형문화재 제24호), 챔니스 주택(대구 유형문화재 제25호), 블레어 주택(대구 유형문화재 제26호)으로, 이들은 대구에 기독교가 전파되었을 때 선교활동을 한 미국인들이다. 지금은 이 건물들은 각각 선교, 의료, 교육, 역사박물관으로 남아있다.

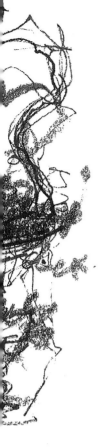

120년 전통의 지역 최초 제일교회가 이 언덕으로 옮겨온 지 30여 년, 화강석 고딕건물과 첨탑의 실루엣은 낭만 도시의 정취를 자아낸다. 청라언덕을 오르는 계단에는 비장한 3·1운동의 숨결이 배어있다.

한국관광공사의 '한국 관광의 별'에 연속적으로 선정된 '근대역사골목'은 청라언덕에서 시작된다. 언덕 아래에는 계산성당이 있고, 시인 이상화, 화가 이인성의 문화 흔적들은 약전골목, 서성로, 북성로, 경상감영 등 대구읍성으로 이어진다. 1.6km 길을 약 두 시간가량 걷다 보면 수십 년 전 대구를 느끼게 된다.

이처럼 청라언덕은 파리 몽마르트나 아테네 아크로폴리스처럼 많은 사람들과 많은 건축물들이 아닌, 시간과 문화로 채워진 공간의 언덕이다. 한여름의 밤 '청라언덕 음악회'의 선율이 도시의 풍경에 정감을 더하는 우리 도시의 언덕이다.

봄의 교향악이 울려 퍼지는
청라언덕 위에 백합 필적에
나는 흰 나리꽃 향내 맡으며
너를 위해 노래 부른다.
청라언덕과 같은 내 맘에
백합 같은 내 동무야
네가 내게서 피어날 적에
모든 슬픔이 사라진다.

- 동무생각 / 박태준 곡, 이은상 시, 1925년 발표

대구의 건축, 문화가 되다